杨德权 著

等效率原则

效率、公平与均衡

Equivalent Efficiency Principle

Efficiency, Fairness
and Equilibrium

经济管理出版社
ECONOMY & MANAGEMENT PUBLISHING HOUSE

图书在版编目（CIP）数据

等效率原则：效率、公平与均衡/杨德权著．—北京：经济管理出版社，2024.4
ISBN 978-7-5096-9643-9

Ⅰ.①等…　Ⅱ.①杨…　Ⅲ.①非均衡经济—研究　Ⅳ.①F019.1

中国国家版本馆 CIP 数据核字（2024）第 064714 号

组稿编辑：梁植睿
责任编辑：梁植睿
助理编辑：李光萌
责任印制：许　艳
责任校对：张晓燕

出版发行：经济管理出版社
　　　　　（北京市海淀区北蜂窝 8 号中雅大厦 A 座 11 层　100038）
网　　址：www. E-mp. com. cn
电　　话：（010）51915602
印　　刷：唐山玺诚印务有限公司
经　　销：新华书店
开　　本：720mm×1000mm/16
印　　张：11.75
字　　数：218 千字
版　　次：2024 年 4 月第 1 版　　2024 年 4 月第 1 次印刷
书　　号：ISBN 978-7-5096-9643-9
定　　价：88.00 元

序　言

要从容地着手去做一件事，但一旦开始，就要坚持到底。

——毕阿斯①

一、缘起

本书的写作过程确切地说是开始于 2000 年，当年夏天学校承办第四届全国经济管理专业博士后学术会议。当时笔者在大连理工大学管理学院读管理学专业博士后，作为承办方的主要参与者照例要提交一篇论文。因为对经济感兴趣，所以想写一篇经济方面的论文，可一时又找不到合适的题目，于是开始进行头脑风暴：短边规则（又称"木桶理论"）几乎是一个万能的理论，能解释好多现象。由此想到如果用这个规则来分析和解释长期经济增长，以此来说明在增长过程中不断出现的路径转换问题，应该是很好的思路。可是这样做立刻就遇到一个难题：这个短边的边，或者说"木桶理论"中的木板在经济学中到底是什么含义呢？几经思考，笔者觉得把效率作为这个"木桶理论"中的木板是值得尝试的。于是就提交了一篇名为《经济增长过程：一种基于效率的假说》的文章。之所以叫"假说"是因为心里没底，确切地说直到追溯到心理学家亚当斯，因博弈论方面的贡献获得诺贝尔经济学奖的泽尔腾和人类历史上少有的、天才又全才的亚里士多德等大家，笔者内心才多少有了一点底气。笔者也因为这篇文章，从

① 毕阿斯（公元前 6 世纪），古希腊律师、辩论家、哲学家，普里恩涅人，"古希腊七贤"之一。

2002年开始在复旦大学世界经济研究所读理论经济学博士后，主要目的就是要考证这个所谓的"假说"到底能否站得住脚。2004年笔者博士后出站，出站报告后来形成了笔者的第一本书《经济增长：过程及微观机理》，这也是本书将要介绍的等效率原则应用研究的成果之一。

二、过程

（一）阶段一：解释经济增长

笔者在2000年提出假说后，就开始按照证伪的思路对等效率原则的可靠性进行严格检验，并试图找到它的应用领域，也可以说检验是在理论和应用两个方面同时进行的。

在理论方面对可靠性进行检验的第一个途径是基本概念。首先是效率。经济学中主要有三种效率，分别是生产效率、帕累托效率（也称配置效率）和 X 效率。这三种效率是不同时期提出来的，从表面上看也是毫无关联的。在《经济增长：过程及微观机理》中，笔者用等效率原则统一了这三种效率。结论是等效率原则等价于帕累托最优和莫里斯·阿莱的可分配剩余为零。当所有生产效率和消费效率[①]都相等时，就实现了帕累托最优，也就是阿莱可分配剩余都等于零的状态。所谓 X 效率则是生产要素潜在的最大效率（本书称为固有效率）和现实中表现出来的效率（本书称为使用效率）之差[②]。

在此基础上，笔者提出了经济增长的效率竞赛模型。按照 Robinson（1978）和 Blaug（2002）的说法：一个好的经济增长模型必须是动态的，是能够贴近历史实际的。经济增长过程是时间过程，也是历史过程，按照海德格尔（2006）的说法，即同时具有历史性和时间性的存在。在笔者看来，只有时间性和历史性是不够的，那只是原始材料（存在本身），还应该有逻辑性，才能形成相关的理论知识（对存在的认识）。在现有的经济增长模型中，对时间维度的描述一般都是

---

①　消费者对商品或服务的估值比上卖家报价（价格）。
②　类似高德拉特 OPT 理论中的利用和活力。

时变的，或者是考虑一个人终生的（lifetime）甚至考虑几代人的（Miler，1965），即所谓跨期迭代（Over Lapping Generations，OLG）（Diamond，1965），但是这些模型的时间跨度在历史长河中还是太过短暂，不足以描述历史过程。

马克思认为，资产阶级在它不到一百年的阶级统治中所创造的生产力，比过去一切时代创造的全部生产力还要多、还要大。是什么在人类历史上引起了这种突变？这当然可以有很多种解释，但工业革命引起的生产效率提高和后期配置效率的提高是不容忽视的。显然经济增长模型要想描述这种经济的长期变化，需要新的思路。经济增长的效率竞赛模型就是为了描述这种历史性的变化而被提出的。其基本思路是，经济增长过程是一个不断提高效率的过程。不同的历史阶段有不同的效率瓶颈，消除效率瓶颈，整个社会的效率就会有大幅提升。当一个效率瓶颈被消除后，就会出现新的效率瓶颈。人类社会经济增长的历史，就是不断消除效率瓶颈的过程。回顾第一次工业革命的历史（熊彼特，2018），完全符合效率竞赛模型的描述。织布机的改进消除了纺织业的效率瓶颈，但动力又成了新的效率瓶颈；采用了蒸汽机以后，动力瓶颈消除了，燃料、运输和钢铁又成了新的瓶颈；国内效率瓶颈消除了，原材料和销售市场又成了新的瓶颈……如此通过不断消除效率瓶颈，资本主义市场经济的效率才得以不断提高。这种消除效率瓶颈的过程显然是永续的，到今天依然没有停止。

效率竞赛模型是动态的，是基于历史的，也是基于逻辑的，尽管模型中并未出现时间变量，但不可否认它是动态的，同时也是符合历史实际的。经济增长的微观机理就是在宏观（政府）、中观（产业）和微观（企业和家庭）各个层面不断消除效率瓶颈的过程。直到消除了所有效率差，实现了等效率原则要求的效率相等，经济系统就实现了产出最大，也实现了后面将要看到的公平、帕累托最优和均衡。

效率竞赛模型有三个不同于现有其他增长模型的特点：第一，放弃了总量生产函数这个传统工具，而是直接建立在国民经济核算恒等式上。第二，放弃了采用时间变量表现模型动态特征的传统做法，改为采用持续不断的效率瓶颈转换来描述真实的历史。第三，放弃了将总效用最大作为增长目标的传统方法，把总产出最大作为增长目标，因为总产出最大是总效用最大的先决条件，而且是可度量的，因此模型更贴近真实。

（二）阶段二：追寻等效率原则的历史渊源

如果等效率原则是正确的，而且还很有用，那么在人类历史上就应该有类似的思想出现。

沿着这一思路，笔者开始在更广泛的研究领域寻找相似的研究结论。在这方面最先找到的是心理学家亚当斯，他通过心理学实验得到的公平理论，如今已经成为管理学教科书中的重要内容。其后又找到了诺贝尔经济学奖获得者泽尔腾的公平奖励组合理论。这个理论来自行为学实验，通过被测试者对规则变化的不同反应，得到了博弈论中的重要内容，即所谓公平奖励组合。这个公平奖励组合公式虽然与亚当斯的公平理论具有相同的数学形式，都是关于公平的理论，但是据笔者所知除了本书至今没人指出两者的联系。最后，终于追根溯源到了亚里士多德的公平公式，在他的《尼各马可伦理学》和《政治学》中，见到了同样表达公平的公式①。再一次地，亚当斯和泽尔腾均未提到亚里士多德的著作。通过与等效率原则对比，笔者指出了三人公式中比例项的经济意义：效率。这三位的研究结论无论是数学形式还是关于公平的内容都与等效率原则完全一致，不过等效率原则似乎还可以解释更多（因为发现了比例项是效率）。

（三）阶段三：在管理学和经济学领域追寻等效率原则的蛛丝马迹

管理学中效率的概念相对比较多，很多效率定义很随意，因此只关注了应用较为广泛的 DEA 效率。DEA 效率是一种基于投入产出数据的相对效率计算方法，也是当前唯一能给出具体数值的效率计算方法。因为无论帕累托效率还是 X 效率都是无法计算出具体数值的，而 DEA 效率可以利用投入产出数据计算多个决策单元（DMU）的相对效率。基本思路是：针对每一个决策单元，把所有的产出项相加作为分子，所有投入项相加作为分母。这种产出比投入的表达式显然是生产效率的概念。因为各种投入（产出）数据的量纲不同，所以无法直接相加，为此给每项投入（产出）数据赋一个权重（未知变量）。然后分别以每个决策单元的效率最大为目标函数，约束条件是各个决策单元的生产效率不大于 1，最后得到各个决策单元的相对效率，最大的是 1，其他通常是小于 1 的非负数。当所有决策单元都达到效率最大时，也就是都等于 1 时，就与等效率原则结果一致了。

在经济学领域，笔者发现了等效率原则更多的踪迹。很多研究结论表面上看似乎与等效率原则无关，但稍加变形，就暴露了这些已有理论和模型与等效率原

---

① 相关文献见第一章。

则的内在联系和一致性。已经发现的这类研究包括夏普利值、托宾 Q 理论、科斯定理、维克里拍卖理论和马科维茨的均值方差模型以及夏普的资本资产定价模型（Capital Asset Pricing Model，CAPM）等。这部分内容有些琐碎，以下简要介绍其中三个比较有意思的结果①：

1. 夏普利值和泽尔腾公平奖励组合的联系

夏普利值是合作博弈收入分配公式，公式的意义是每个局中人按贡献取得报酬。夏普利公式的左端是报酬（产出），右端是贡献（投入），左端除以右端就是效率等于 1 的概念。对于所有局中人，就有效率都相等的连等式，也就是泽尔腾的公平奖励组合②。

2. 马科维茨均值方差模型可以度量非均衡（公平）程度

按照等效率原则，若所有效率都相等是均衡（公平），那么当效率不相等的时候，效率的方差（协方差）就是非均衡程度（不公平）的度量。方差等于 0，就是均衡（公平）状态。所以当把均值方差模型中的证券收益率换成效率时，就可以用来度量效率的离散程度，也就是非均衡（不公平）程度，因此可以说均值方差模型揭示了效率和均衡（公平）的数量关系。

3. 定量描述科斯定理

众所周知，科斯定理是没有公式的。不过，科斯定理追求总体利益最大化下的公平，这正是等效率原则所描述的。本书以科斯的"牛麦问题"为例给出了基于等效率原则的、可以公平划分两家土地面积的计算公式。

囿于眼界和精力，一定还有笔者没有发现的类似研究成果，相信广大读者一定能够发现更多。不过现有的这些发现确实给笔者带来了更大的希望和勇气，以至于开始斗胆挑战百年来经济学研究的巅峰——一般均衡理论。

（四）阶段四：挑战一般均衡证明——发现均衡价格

1. 通过等效率原则找到了瓦尔拉斯模型的唯一解

一般均衡理论起源于 1874 年里昂·瓦尔拉斯的著作，距今已经有一百多年的历史。一般均衡思想自提出以来就争议不断，到了 1954 年，阿罗和德布鲁（还有麦肯齐）的一般均衡存在性证明完成后，一般均衡就成了理论经济学研究

---

① 更多内容请参见第一章。
② 泽尔腾没有要求公平奖励组合的比值等于 1。

和争论的核心。无论喜不喜欢，一般均衡理论都是每一个经济学研究者必须翻越的一座大山，说是"大山"有两重含义：一是有一定的高度和难度；二是前行路上的阻碍。

在翻越这座大山前，笔者先用完全竞争市场做了热身。通过把等效率原则应用于完全竞争市场，得到了一个令人惊异的结果：完全竞争市场长期均衡时所有的商品和生产要素的价格都等于1（这是一个令人意外和惊喜的发现，因为这意味着可能找到了瓦尔拉斯方程的解）。此外还证明了等效率原则（效率等于1时）等价于生产者均衡和帕累托最优等命题。

既然得到了完全竞争市场长期均衡价格等于1的结果，那么只要将这个结果代入瓦尔拉斯模型检验一下就知真假了，结果将一个与瓦尔拉斯模型中未知价格向量维数相同的、分量都为1的向量（为了后面叙述方便，记为 p^*）代入后，方程果然成立。不过这只能说明这个解是充分条件，要想说明是唯一解还需要证明必要性。必要性的证明其实在热身时就完成了，因为等效率原则（效率等于1时）等价于生产者均衡，而生产者均衡是一般均衡的必要条件，因此等效率原则也是一般均衡的必要条件。至此，可以肯定瓦尔拉斯模型中的均衡价格就是 p^*，充分且必要，因此唯一。①

2. p^* 也是阿罗-德布鲁模型的唯一解

一般均衡解 p^* 通过了瓦尔拉斯模型的检验，这显然还不够，还必须至少通过阿罗-德布鲁模型的检验。为此将 p^* 代入阿罗-德布鲁的证明过程，代入为使用布劳威尔定理而构造的连续函数②中，无须应用布劳威尔不动点定理，直接得到了超额需求为0的结论。因为前面已经证明了 p^* 是瓦尔拉斯方程的解，当然满足瓦尔拉斯定律，而瓦尔拉斯定律又是阿罗-德布鲁模型的必要条件，因此 p^* 对阿罗-德布鲁模型也是充分且必要的。

至此可以深信，一般均衡价格——这个人们寻找了一百多年的"幽灵"找到了！

可是所有商品和要素价格都等于1是什么意思呢？难道阿罗-德布鲁的存在性证明只是证明了数学上存在的平凡解？注意到瓦尔拉斯和阿罗-德布鲁模型中的价格都是相对价格（也就是价格比），价格比都等于1，应该是说明所有价格

---

① 1960年，美国数学经济学家、耶鲁大学经济学教授斯卡夫研究了一个有三个变量的一般均衡算例，得到并证明了均衡价格是三个变量都是1的向量。

② 这个连续映射的构造方法与纳什均衡证明中的方法相同。

都等于某一个价格。这某一个价格又是什么呢？CAPM 是夏普分析证券市场均衡时提出来的一个模型。当证券市场中某一资产与市场证券组合的收益率无关时，那么该资产的期望收益率就是无风险资产利率。然而，当市场证券组合的风险为零时，按照马科维茨的均值方差模型，所有证券的收益率都相等，而且等于无风险资产收益率。由此可以推断，一般均衡的绝对价格（相对价格是 1）就是无风险资产收益率。为了保险起见，又证明了一般均衡价格必须是经济中的全局最小价格，无风险资产收益率完全符合这个要求。这个结论与完全竞争市场长期均衡时所有厂商只有正常利润的结论是逻辑自洽的。

为了更保险，又将 p^* 代入瓦尔拉斯考虑资本形成和信贷的方程系统，最后的结果是均衡价格等于瓦尔拉斯设定的一种理想资产的收入率（rate of income），而且是所有资产的收入率都等于此值。这与 CAPM 和均值方差模型中均衡时所有资产收益率等于无风险资产收益率的结论几乎完全一致，至此关于均衡价格等于无风险资产收益率的结论形成了闭合的证据链。在这个过程中，发现了瓦尔拉斯考虑资本形成和信贷的方程系统的一个瑕疵：这套方程系统是在原来只考虑生产和消费的四组方程的基础上，加上一组资本形成方程得到的，但原来的方程系统没有单独列出折旧率和保险费率，在数学形式上等于这些变量不存在。但它在资本形成方程中增加了折旧率和保险费率两个变量，这就造成了资本形成方程和原来的生产和消费方程的逻辑不一致，因为这两项费率都是跟生产过程密切相关的，应该在生产和消费方程中同时考虑。用专业术语来说就是瓦尔拉斯将折旧率和保险费率这两个全局变量当成了资本形成系统的局部变量。

笔者对于等效率原则开始是怀疑的，追溯到亚里士多德等三位大家的公平公式以后，开始半信半疑；找到一般均衡解后，对等效率原则的态度已经从半信半疑转为赞叹了，没有它的帮助，人们苦苦寻找的均衡价格不知还要隐藏多久。

3. 所有局中人效率等于 1 也是纳什均衡的充要条件

在纳什的证明中，纳什给出的均衡充要条件相当于：每个局中人效率等于 1。局中人的效率是每个（混合）策略的收益与采用该策略的机会成本之比。在纳什的假定框架下，以局中人效用总和最大为目标函数，局中人成本之和一定为约束，证明了局中人效率都相等且等于 1 是纳什均衡的充要条件。基于这个结论本书给出了一种新的混合策略纳什均衡博弈的求解方法：列出每个局中人的效率表达式，然后令其等于 1 并求解相应的概率。

（五）阶段五：乘胜追击，继续检验

因为参与一般均衡证明的还有很多人，有较大影响力的至少还有莫里斯·阿莱和冯·诺依曼，与此相关的还有索洛等人号称是均衡增长路径的大道定理。因为已经通过了一般均衡的检验，所以也有理由相信，等效率原则也能通过阿莱模型和冯·诺依曼模型的检验。

1. 莫里斯·阿莱的可分配剩余

阿莱思考的起点是帕累托改进，应用的工具是序数效用，确切地说是偏好次序。假设资源配置发生了变动，但偏好次序没有改变，这意味着从原来的配置中抽取了某些资源，但人们的满足程度没有变化。注意：阿莱没有像帕累托那样把抽取出来的资源立刻分配给对原来配置结果不太满意的人，他将多次①变动中抽取出来的物品堆积到一起，这堆物品就是阿莱可分配剩余。这个思路大致相当于每家捐赠不再穿的衣服，捐赠家庭的幸福感没改变，但一个社区会积攒很多衣服，可以捐赠给需要的家庭，提高幸福感。用抽取出来物品的转移价格②（以某种等价物来衡量的）乘以该物品的数量就得到了该物品的转移价值，然后对所有物品的转移价值求和就得到了阿莱最为得意的可分配剩余计算公式③。

以可分配剩余公式为基础，阿莱提出了一个重要的命题：一个均衡的完全竞争市场是帕累托最优的（福利经济学第一定理的等价命题），而一个完全竞争市场一定会趋向均衡（福利经济学第二定理的等价命题）。④

阿莱称有史以来经济学中有三种均衡的定义：第一种是瓦尔拉斯的定义；第二种是埃奇沃思的定义；第三种就是他自己的定义。当经济中所有可分配剩余为0时，就实现了均衡，阿莱认为他的均衡等价于帕累托最优。⑤

阿莱可分配剩余公式的问题在于公式中的转移价值是以"某种等价物"评价的"某种价值"，连续两个"某种"就把读者整懵了。直接结果就是按照他的

---

① 直到没有东西可以抽取。

② 可以这样理解：你捐赠的衣服在你家价值很低甚至是0，但到了受赠者手里就会增值，因为如果没有捐赠，他必须花钱购买才能得到同样的衣服。捐赠物品在受赠者手中的价格减去该物品在捐赠者家的价格就是转移价格。

③ 阿莱自称此公式总结了所有边际主义者的研究成果。

④ 阿莱本人是否亲自证明这个公式尚有争议，文献中明确说没有证明。

⑤ 阿莱强调他的剩余公式和帕累托剩余公式的二阶导数不同。

公式，无法发现那些可分配的剩余。①

通过对比可以发现，只要将阿莱可分配剩余公式中的转移价格换成效率差，公式的意义就立刻清晰了。只要存在效率差，经济中就存在可分配剩余，效率都相等的时候，所有效率差为 0，经济就实现了均衡，同时也是帕累托最优的。效率差在现实中是可以找到的，而转移价格是很难寻找的，因为不知道某种价值到底是什么。对此，笔者的评价是不能做等效率原则比阿莱可分配剩余更好这样的价值判断，而应该做等效率原则经济意义更明确这样的事实判断。

另外，因为等效率原则是一般均衡的充要条件，所以将转移价格换成效率差之后，阿莱可分配剩余就与一般均衡理论等价了，这样阿莱所说的第三种均衡就等价于瓦尔拉斯均衡了。

2. 冯·诺依曼的一般均衡模型和大道定理

冯·诺依曼一般均衡模型的建模思路是：假定经济中有生产和消费两种行为，生产出来的物品可以用来生产也可以用来消费。人们生产的时候希望生产成本最小，而产值最大。

按照这一思路首先定义了两个问题：一个是技术扩张问题，对应于投入矩阵；另一个是经济扩张问题，对应于产出矩阵。

两个矩阵分别左乘一个（产出数量）行向量，得到一个总投入数量向量和一个总产出数量向量；两个矩阵分别右乘一个价格列向量，得到一个投入价值向量和一个产出价值向量。

按照平衡增长思想，冯·诺依曼列出了两个不等式：一个不等式是产出数量大于某一个系数乘以投入数量，系数表示技术扩张程度，称此不等式为技术扩张不等式；另一个不等式是另一个系数乘以投入价值大于产出价值，系数表示经济扩张程度，称此不等式为经济扩张不等式。

以两个不等式为基础，列出两个带约束条件的极值问题：一个是以技术扩张不等式为约束，技术扩张系数最大为目标值的极大化问题；另一个是以经济扩张不等式为约束，以经济扩张系数最小为目标的极小化问题。

冯·诺依曼应用布劳威尔不动点定理证明了在经济扩张系数和技术扩张系数组成的闭区间内，一定有一个不动点让两个极值相等，这个不动点就是对偶问题的鞍点。

---

① 阿莱认为只要边际替代率不同就存在剩余，而边际替代率与他的剩余公式无关。

针对冯·诺依曼模型，本书主要做了以下工作：

第一，通过与线性规划及其对偶模型的对比，识别出了产出矩阵的结构是资源列向量与产品价值系数行向量的乘积，得到的是与投入矩阵具有相同维数的价值矩阵。这与冯·诺依曼关于资源也可以当产品的假定是一致的，若此，资源才可以按照产品的价格估价。

第二，不动点（鞍点）对应的是线性规划模型最大值与对偶模型最小值之比，相当于最大产出与最小成本之比，不出意料，在鞍点处这个效率等于1。

第三，冯·诺依曼描述的经济系统效率是产出的最大值与投入的最小值的比值，当所有价格都等于1时，投入的实物之和等于产出的实物之和。这个恒等式在瓦尔拉斯和阿罗-德布鲁的证明中都出现过（因为这两个模型中相对价格也是1）。

第四，冯·诺依曼模型的求解方法适用于有限次两人零和博弈求解。因为有限次两人零和博弈的解是纳什均衡解，所以可以采用本书提出的基于等效率原则的方法求解（参见随后的算例）。

大道定理是与冯·诺依曼一般均衡模型相关的动态均衡理论，笔者发现了原著中增长因子（$a>1$）的假定（Dorfman et al.，1958）与均衡时边际替代率等于1的矛盾，因为在增长模型中，增长因子的含义就是两种消费（商品）的边际替代率。由于均衡时商品价格都相等，所以必有 $a=1$。然而，1的任何次幂仍是1，这意味着指数增长虽然可能存在，但它肯定不是均衡的；均衡也可能存在，但它肯定不会是指数增长的。也就是说，指数增长和均衡不能同时存在，所以大道定理不是均衡增长路径。

（六）阶段六：应用研究——等效率原则的应用检验

应用方面的可靠性检验目前主要从两个方面展开：一个是对协调供应链的各种契约的研究；另一个是国际贸易理论的研究。先说等效率原则在供应链契约研究中的应用。供应链契约是一种计算下游厂商向上一级厂商购货价格的数学模型，用来协调各级厂商间的利润，以求降低供应链成本，提高供应链的总体效率。本质上是在实现供应链总产出最大的共同目标下，实现供应链上厂商利润的公平分配，等价于经济学中的局部均衡问题。现有的供应链契约有十几种，分别由不同的研究者提出，目前相关的研究文章和著作已经充斥网络，几种经典的供应链契约已经被写入教科书。

尽管供应链契约种类繁多，但考虑的因素主要还是收益和成本，在与现有这类研究相同的假定下，用收益表达式比上成本表达式就是效率表达式。如果等效率原则可以用于供应链协调，那么供应商的效率应该等于零售商的效率（考虑到公平公式，这意味着分配公平）。若此，则可以采用等效率原则协调供应链，这样既可以发挥等效率原则协调供应链时方法一致、可以同时协调多级供应链等方面的优势，又可以避免供应链契约方法各异以及来源随机的不足。从 2005 年开始，笔者和学生先后用等效率原则对各种供应链契约进行了检验，结果证明应用等效率原则得到了与现有几乎所有契约一致的结论（相同的数学表达式）。同时发现：按照现有的契约协调下来，所有供应链效率都为 1，这意味着供应链上所有厂商的经济利润都为 0。这说明这些契约只能在经济利润为 0 时协调供应链，而等效率原则不受此限制。为了说明这一点，应用等效率原则协调了斯塔克尔伯格均衡模型中两个厂商，解决了其中存在的双重边际问题。

　　应用方面可靠性检验的第二个领域是国际贸易理论。国际贸易理论从亚当·斯密的绝对优势、李嘉图的比较优势、赫克歇尔和俄林的要素禀赋理论、克鲁格曼的新贸易理论再到新新贸易理论，一路走来，给人的感觉是一路崎岖，甚至是走在完全不同的道路上，其根本原因是底层逻辑不一致。从亚当·斯密到赫克歇尔和俄林基本都是在直接或间接地比较生产成本，克鲁格曼却转向了运输成本比较以及规模报酬递增和不完全竞争，到了新新贸易理论，在放开同质性假定的基础上，开始采用计量经济学模型，从根本上偏离了贸易理论研究的基本范式和主线。不过值得欣慰的是新新贸易理论关注的是生产率，这是一个与效率含义相近的概念，再一次为等效率原则的应用带来了希望之光。

　　基于这种认识，笔者决定回到亚当·斯密的经济学研究传统，但用效率代替了古典贸易理论中的比较对象——成本，以及新新贸易理论中的生产率，提出了一种比较效率优势理论。基本思想是贸易双方比较的不是成本，而是效率。在贸易双方互相向对方出口产品和服务时，比较的是在产品和服务上花的每一分钱在对方那里能卖多少钱，这显然是在比较效率。按照这一思路，用比较效率优势来检验现有的贸易理论，结果发现采用比较效率优势可以得到与现有新贸易理论以前所有理论一致的结论（公式相同，如生产要素价格一致定理等），与新贸易理论和新新贸易理论的部分内容也有较大的一致性。这部分内容将在笔者以后的著作中详细论述。

三、成书

本书的写作思路是以等效率原则为对象，来检验其与现有理论的一致性和替代性，如果与现有理论一致，那就意味着以后对相关问题的研究有了新的视野和工具。笔者在研究和写作过程中一直抱着证伪的目的，为了证伪等效率原则，本书所有的研究内容都尽量采用了严格的数学证明。

按照惯例学术著作应该有文献综述，本书决定破例一次，不对相关文献进行介绍和归纳，主要原因是既不太必要，也不太可能。如果为了给读者提供线索，那么参考文献就够用了。文献综述更多的是展示研究者对研究领域的总体把握能力和熟悉程度，或者为研究项目选题提供理由，又或者是通过对文献的总结和归纳发现某些共性的东西。本书的选题是每个经济学爱好者都无法不关注的研究领域，至于总结共性的东西是本书要探讨的问题。由于本书的研究内容时间横跨2300多年，涉及的又多是古今首屈一指的大学问家和他们的著名理论，同时又跨越多个学科，要对这些研究所涉及的文献进行整理和归纳不要说难度，仅仅是相关文献的数量也超过了个人毕生的阅读能力。

对一个问题追寻、思考二十多年，是时候做一个总结和交代了，为了不负所悟，为了支持者，也为了自己，遂成此书。

参考文献

［1］Blaug M. Ugly Currents in Modern Economics ［M］. Cambridge：Cambridge University Press，2002.

［2］Diamond P A. National Debt in a Neoclassical Growth Model ［J］. American Economic Review，1965，55（5）：1126-1150.

［3］Dorfman R，Samuelson P A，Solow R M. Linear Programming and Economic Analysis ［M］. New York：McGraw-Hill，1958：772-774.

［4］Goldratt E. M. What is This Thing Called the Theory of Constraints? ［M］. Croton-on-Hudson，NY：North River Press，1990.

［5］Miler H P. Lifetime Income and Economic Growth ［J］. American Economic Review，1965，55（4）：834-844.

［6］Robinson J. Contribution to Modern Economics ［M］. Oxford：Blackwell，1978.

［7］Selten R. The Equity Principle in Economic Behavior ［R］. Working Paper，1976.

［8］Selten R. Models of Strategic Rationality ［M］. Netherlands：Springer，1988.

［9］莱昂·瓦尔拉斯. 纯粹经济学要义 ［M］. 蔡受百，译. 北京：商务印书馆，2011.

［10］马丁·海德格尔. 存在与时间 ［M］. 陈嘉映，王庆节，译. 北京：生活·读书·新知三联书店，2006.

［11］莫里斯·阿莱. 无通货膨胀的经济增长 ［M］. 北京：北京经济学院出版社，1990.

［12］熊彼特. 经济学全集 ［M］. 李慧泉，刘霈，译. 北京：台海出版社，2018.

［13］杨德权. 经济增长：过程及微观机理 ［M］. 北京：经济科学出版社，2005.

目　录

第一章　公平公式与等效率原则 ························· 1

　第一节　公平公式溯源 ····························· 1

　　一、亚里士多德的公式 ····························· 1

　　二、亚当斯的公式 ······························· 3

　　三、泽尔腾的公式 ······························· 5

　第二节　公平公式的比较 ··························· 6

　　一、不同点 ································· 6

　　二、相同点 ································· 8

　　三、待解之谜 ································ 8

　第三节　等效率原则与公平公式的关系 ··················· 9

　　一、等效率原则及其证明 ··························· 9

　　二、公平公式一致性证明 ·························· 10

　　三、等效率原则的性质 ···························· 12

　第四节　间接的效率–公平研究结果 ···················· 13

　　一、DEA 效率 ······························· 13

　　二、夏普利值 ································ 17

　　三、托宾 Q ································· 18

　　四、科斯的"牛麦"问题 ·························· 19

　　五、维克里拍卖 ······························ 19

　　六、投资效率的均值–方差模型 ………………………………… 22

　本章小结 ……………………………………………………………… 24

　本章参考文献 ………………………………………………………… 25

第二章　完全竞争市场与等效率原则 ………………………………… 29

　第一节　公平交易的真相 …………………………………………… 29

　　一、等价交换的含义 ……………………………………………… 29

　　二、"看不见的手"的等效率原则解释 ………………………… 32

　第二节　古诺–伯特兰德悖论与市场结构 ………………………… 38

　　一、古诺–伯特兰德悖论 ………………………………………… 39

　　二、以效率区分市场结构的可行性 …………………………… 42

　第三节　完全竞争市场的效率与均衡 …………………………… 43

　　一、完全竞争市场短期均衡的效率分析 ……………………… 43

　　二、完全竞争市场长期均衡的效率分析 ……………………… 45

　　三、应用效率区分市场类型的优势 …………………………… 48

　第四节　等效率原则视角下的完全竞争市场争议 ……………… 49

　　一、关于完全竞争市场的争议 ………………………………… 50

　　二、完全竞争市场争议的等效率原则解释 …………………… 53

　本章小结 ……………………………………………………………… 55

　本章参考文献 ………………………………………………………… 57

第三章　一般均衡与等效率原则 …………………………………… 61

　第一节　瓦尔拉斯一般均衡简介 ………………………………… 61

　　一、瓦尔拉斯一般均衡的前提假定及其讨论 ………………… 62

　　二、瓦尔拉斯一般均衡模型 …………………………………… 63

　第二节　瓦尔拉斯方程组的唯一解 ……………………………… 65

　　一、基于等效率原则的均衡解 ………………………………… 65

　　二、均衡解的充分性 …………………………………………… 66

　　三、均衡解的必要性 …………………………………………… 66

四、瓦尔拉斯一般均衡解的性质 ································· 67

五、瓦尔拉斯-卡塞尔模型 ····································· 67

第三节　利用阿罗-德布鲁证明检验等效率原则 ·············· 69

一、阿罗-德布鲁证明的基本假定 ························ 69

二、瓦尔拉斯均衡的存在性证明 ························· 70

三、基于等效率原则的证明 ····························· 72

第四节　一般均衡的讨论 ·································· 72

一、与帕累托最优和等效率原则比较 ······················· 72

二、基于 CAPM 的理解 ···································· 74

三、从瓦尔拉斯资本形成和信用理论看均衡价格 ········· 75

四、效用函数在均衡价格计算中的作用讨论 ············· 78

第五节　利用纳什均衡的证明检验等效率原则 ·············· 79

一、纳什均衡的证明 ································· 79

二、基于等效率原则的纳什均衡的证明 ··············· 81

三、纳什均衡与一般均衡的关系 ····················· 82

本章小结 ··· 83

本章参考文献 ··· 84

第四章　阿莱可分配剩余与等效率原则 ····················· 87

第一节　阿莱可分配剩余理论简介 ····················· 87

一、经济效率分析 ·································· 87

二、阿莱的均衡分析 ································· 90

第二节　阿莱可分配剩余理论的讨论 ····················· 92

一、可分配剩余的求和公式 ··························· 92

二、可分配剩余与帕累托最优的关系 ····················· 95

第三节　阿莱可分配剩余与等效率原则的比较 ·············· 95

一、理论基础不同 ·································· 95

二、应用范围不同 ·································· 97

第四节　发现可分配剩余（效率差）的途径 ················ 99

一、三类剩余 ·· 100

二、生产要素流动规律 ·· 106

第五节 协调效率和公平关系的经济政策 ······················ 109

一、效率和公平关系的数学表达 ································ 109

二、兼顾效率和公平的税收政策 ································ 110

本章小结 ·· 112

本章参考文献 ·· 113

第五章 冯·诺依曼一般均衡与等效率原则 ······················ 115

第一节 冯·诺依曼一般均衡模型 ······························ 115

一、冯·诺依曼一般均衡模型的建模和求解 ···················· 117

二、冯·诺依曼一般均衡模型的应用 ·························· 120

第二节 冯·诺依曼一般均衡模型与等效率原则 ················ 122

一、冯·诺依曼一般均衡模型与线性规划的关系 ················ 122

二、冯·诺依曼一般均衡模型的讨论 ·························· 124

第三节 大道定理与等效率原则 ······························ 126

一、大道定理简介 ·· 126

二、大道定理不是均衡增长路径 ······························ 128

第四节 等效率原则视角下的一般均衡理论纷争 ················ 129

一、关于一般均衡理论的批评 ·································· 129

二、等效率原则视角下的一般均衡理论 ························ 136

本章小结 ·· 137

本章参考文献 ·· 138

第六章 应用等效率原则协调供应链 ···························· 141

第一节 供应链契约简介 ······································ 142

一、供应链契约的类型 ·· 142

二、供应链契约的基本模型 ···································· 143

第二节 四种常见供应链契约 ·································· 145

一、四种契约模型求解 ·················· 145

二、应用等效率原则求解四种契约模型 ·········· 149

第三节　契约与等效率原则协调结果的对比分析 ········ 153

一、汇总表对比 ····················· 153

二、协调条件比较及分析 ················ 155

三、协调条件分析小结 ················· 156

第四节　供应商和零售商定价的博弈分析 ·········· 157

一、供应商和零售商定价的斯塔克尔伯格均衡及协调 ···· 157

二、垄断企业的供应链协调 ··············· 160

本章小结 ·························· 160

本章参考文献 ························ 161

结　语 ···························· 163

第一章　公平公式与等效率原则

公正不是德性的一个部分，而是整个德性；相反，不公正也不是邪恶的一个部分，而是整个邪恶。

——亚里士多德

第一节　公平公式溯源

一、亚里士多德的公式

亚里士多德（公元前384—公元前322年），出生在古希腊马其顿王国色雷斯的斯塔基拉。他是柏拉图的学生、亚历山大的老师。其著作涉及物理学、形而上学、逻辑学、政治学、伦理学以及生物学、动物学、诗歌、音乐等多个领域，是人类历史上少见的全能型学术人物。

如果说柏拉图将正义看成一种建构秩序，那么亚里士多德更关心这种秩序的合理性和可行性，也就是公正和具有可操作性的原则。柏拉图在《理想国》中表述了他的正义思想。柏拉图认为正义就是智慧、勇敢、节制等美德和谐共存的秩序。所谓和谐秩序就是《理想国》中的三个等级：金质的哲学王、银质的护卫者、铜或铁质的生产者各司其职，不相凌越，只做自己该做的事而不兼做他人的事，也意味着理性驾驭激情和本能。学者们对柏拉图的批评主要是他的构建秩序过于理想化，因而成为无法实现的乌托邦。尽管其晚年在《法律篇》中，从理想化的哲学王治理模式转向了更为现实的法治模式，但至少有两点没有改变：一是不同等级之间的绝对不平等和同一等级内的完全平等[①]；二是没有切实可行的操作原则（如量化的尺度）。

亚里士多德针对上述缺陷做了两方面的改进：一是提出更普遍的正义原则，以增加秩序的合理性；二是给出具体的分配正义公式，以增加可操作性。亚里士多德的分配正义思想和公式主要集中在《尼各马可伦理学》和《政治学》两部著作中。亚里士多德在《尼各马可伦理学》中的正义主要有两种：一种是分配的正义，涉及荣誉（官职）、闲暇、责任的分配，适用比值相等的原则；另一种是矫正正义，是对分配正义的补充和纠正。

例如，A 出资 99 元，B 出资 1 元做生意。一年后，资产增加 100 元，这新增的 100 元怎么分才公平？有两种分配方式：一种是 A 分 99 元，B 分 1 元，即按照贡献分配所得；另一种分法是每人 50 元，即平均分配。第一种分法是分配正义，第二种方法则为矫正正义。

Keyt（1991）认为，虽然城邦的维系离不开补偿正义，但是政体问题主要适用分配正义。亚里士多德按比例分配的标准不是民主制的公民身份，不是寡头制的财富数量，也不是贵族制的身份，而是（贵族的）德行。A 和 B 两个人分 a 和 b 两种事物[②]，公平分配必须满足以下等式：

$$\frac{a}{b} = \frac{A}{B} \tag{1-1}$$

参与分配的两人在德行上的差异 A/B，决定了他们在分配中的差异 a/b。若两人无差异，则分配的事物必然同质同量。根据比例的性质，式（1-1）可以改写成：

$$\frac{a}{A} = \frac{b}{B} \tag{1-2}$$

式（1-2）表示对于参与分配的两人，每单位份额的德行获得的事物是同样的。式（1-1）和式（1-2）体现了亚里士多德"对不同的人给予不同对待，对相同的人给予相同对待"的思想。亚里士多德的分配正义公式中包含两个要

[①] 在培训护卫者的时候就遇到了同一等级人员不同质的问题。柏拉图主张通过抽签作弊的方法，让能力大、贡献大的护卫者有更多的机会为城邦生育后代，这实际上包含了亚里士多德的分配正义思想。

[②] 福赛斯（Forsyth）认为，符合正义分配标准的事物有五类：公平（Equity）、平等（Equality）、权力（Power）、需要（Need）和职责（Responsibility）。

点：适度和公平①。适度就是中道（比值的均值），而公平就是没有偏差（比值的方差为0）。

二、亚当斯的公式

约翰·斯塔西·亚当斯于1925年出生在比利时布鲁塞尔，是美国著名的管理心理学家与行为科学家，公平理论的创始人。在亚当斯探究公平分配之前，只有极少数的社会心理学家研究分配公平。亚当斯在《工人关于工资不公平的内心冲突同其生产率的关系》《工资不公平对工作质量的影响》《社会交换中的不公平》等著作中说明了个体在交换过程中产生的情感、动机、行为以及自身特征等，并提出了著名的公平理论。

亚当斯的研究是从相对剥夺感的概念开始的。所谓相对剥夺感就是个体与参照对象进行比较之后对自身劣势地位的主观感知（Wake and Smith，2002）。当时的研究和实验结果表明：相对剥夺感会引发对分配不公的不满情绪。在此基础上，亚当斯借鉴 Homans（1961）的研究，最终提出了自己的理论。

1. Homans 的分配公平理论

该理论认为：在交换关系中，当每个人自身的利润与投资成比例，就实现了分配公平。其中，利润是交换过程中个人得到的金额减去交换过程中个人付出的成本；成本是在交换中自身放弃的事物；投资是交易过程中自身的属性，包括经验、教育、年龄、性别等。Homans 提出的分配公平理论可表示为：

$$\frac{R_A - C_A}{I_A} = \frac{R_B - C_B}{I_B} \tag{1-3}$$

其中，R、C、I 分别为 A、B 两人的收益、成本和投资。当式（1-3）不等时，其中比值大的人会感觉不公平，而比值小的人会感觉被剥夺。

2. Sayles 和 Patchen 的研究

Sayles 和 Strauss（1960）通过研究工厂员工的不满意表现，从中推测出员工是如何计算自身工资的公平性的，公式如下：

$$\frac{S_I}{O_I} = \frac{S_R}{O_R} \tag{1-4}$$

---

① 公平和平等的区别，可以从不公平和不平等来理解，很多不平等是可以接受的，如出生时的家境，但不公平是不可接受的。从某种角度看，平等是"实然"的，属于事实判断；公平则是"应然"的，属于价值判断。

其中，S_I 和 S_R 为比较者在小组内的重要性和收入；O_I 和 O_R 为其他人在小组内的重要性和收入；在工厂中的重要程度本质上就是组内所有成员的感知投资，包括工种类型、成员能力、成员性别、服务年限等。

Patchen（1961）假设工人将自己获得的薪水与他人相比时会产生以下公式：

$$\frac{M_S}{O_S} = \frac{MR_{PS}}{OR_{PS}} \tag{1-5}$$

其中，M_S 和 MR_{PS} 为比较者的薪水以及薪水与职位的关系；O_S 和 OR_{PS} 为其他人的薪水以及薪水与职位的关系。当式（1-5）不成立时，个体会出现认知失调，产生不满情绪。

3. 亚当斯的研究

在上述研究的基础上亚当斯提出：个体用服务换取酬金时，有很大的可能会产生不公平情感。其原因是个体的投入（投资）具有识别与相关性。

投入：在交换过程中，交换双方都承认拥有者具有的某些属性（识别特征），且拥有者期望该属性能够换取合理的回报（相关性特征）。个体投入可能有多个变量，变量既可以独立又可以相关。例如，工作资历与个体年龄。交易时产生的收入就是结果，结果具有承认性与相关性。

结果：在交换过程中，交换双方都承认的事物，能够给被给予者带来边际效用（承认性），结果同投入一样可能是多个变量，变量之间可能有关联。结果包括正面结果（金钱、工作地位、资历福利等）与负面结果（恶劣的工作条件、不确定的命运等）。

Person：在公平或不公平关系中的任意个体或群体；Other：任意个体处于交换关系时的其他个体或群体。当式（1-6）成立时，存在公平：

$$\frac{O_P}{I_P} = \frac{O_A}{I_A} \tag{1-6}$$

式（1-6）中：P 是 Person，A 是 Other，$O = \sum O_i$，$I = \sum I_i$。O 和 I 分别表示所得和投入。

式（1-6）不成立有两种情况，分别是 $\frac{O_P}{I_P} > \frac{O_A}{I_A}$ 或 $\frac{O_P}{I_P} < \frac{O_A}{I_A}$，即个人报酬与努力比值和他人不同时，就会有个体产生不公平的感觉。亚当斯的多次心理学实验均支持上述结论。

三、泽尔腾的公式

莱茵哈德·泽尔腾（1930—2016 年）出生于德国的布雷斯劳，1994 年因在非合作博弈理论研究中的贡献，与纳什和海萨尼一起获得诺贝尔经济学奖。泽尔腾的贡献之一是提出了公平奖励组合理论（Selten，1988）。该理论的研究始于Homans 的分配公平研究，泽尔腾认为公平原则并不能作为一种充分的集体决策工具，但是在实践中学者们通常会把公平原则作为一种规范原则。泽尔腾在研究中，通过观察多个行为实验来总结公平原则对交易者经济行为的影响。泽尔腾在其文章中，首先介绍了分配 1 美元实验与分配 120 张扑克牌实验。

1. 分配实验

第一个实验是分配 1 美元：两位被试者同意平分 1 美元，每人 50 美分。实验场景与结果都非常简单，但 Nydegger 和 Owen（1974）对实验结果做出三种解释：①被试者同意按照这样的结果分配是基于规范性公平原则；②被试者同意按照这样的结果分配是因为两者权利地位对称；③被试者同意按照这样的结果分配是谢林（Schelling，1960）意义上的唯一突出的点。因为做这个实验的目的是测试博弈论是否适用于这一场景，因此仅考虑第②种解释。

第二个实验是分配 120 张扑克牌：两位被试者 A 与 B 分配 120 张扑克牌，A收到一张扑克牌可以得到 2 美分的收益，B 收到一张扑克牌可以得到 1 美分的收益，两个人都同意的分配方式是 A 得到 40 张扑克牌，B 得到 80 张扑克牌。但如果按照大多数博弈论学者的思路：A 和 B 都应该分别获得 60 张扑克牌，即 A 得到 120 美分，B 得到 60 美分。实验结果与博弈论学者推论不同，因此解释②不适用于分配 120 张扑克牌实验。

第三个实验是 Leventhal（1980）、Lujansky 和 Mikula（1983）等的奖励分配：将两位被试者关在不同房间内完成相同的任务，任务完成之后，让其中一位被试者分得报酬（报酬金额是合理的），结果是被试者会等分报酬。在实验中，被试者被告知他在已完成任务中的贡献可能多也可能少，若被试者贡献少一些，他会希望采取按贡献比例分配；若被试者贡献多一些，他会希望能平分报酬。这个结果表明能力强的被试者倾向于用不利于自己的方式解决冲突。Mikula 认为这是因为社会交往中的普遍规范——谦虚。实验的结果受到解释①的强烈影响。按比例分配公平原则是对等分原则在业绩度量角度上的一种修正。

第四个实验是 Friedman（1977）的双寡头垄断。该实验显示了等分原则的存在。泽尔腾与 Berg（1988）的双寡头垄断实验，观察到被试者有两种类型的合作：一种是在博弈结束时双方分别向对方支付相同的费用；另一种是在交易的帕累托最优点上，双方获得相同的利润，但不向对方支付费用。

2. 泽尔腾的公平奖励组合公式

泽尔腾提出了一个一般公平原则，多种情况下的平等分配和比例分配原则都是其一般公平原则中的特例，因此一般公平原则适用于向群体成员分配奖励的场景。在一般公平原则中：假定需要进行奖励分配的组中有 n 个成员，运用组内所有成员都赞成的分配标准来进行奖励分配，组内任意成员 i 获得的奖励量度是 $r_i(r_i \geq 0)$。定义 r_1，r_2，$\cdots$，r_n 为公平奖励组合，给成员 i 赋予一个叫作比较标准的权重 $w_i(w_i \geq 0)$。公平奖励组合满足以下条件：

$$\frac{r_1}{w_1} = \frac{r_2}{w_2} = \cdots = \frac{r_n}{w_n} \tag{1-7}$$

一个公平的奖励组合可以被描述为每权重单位分配相同数量奖励。式（1-7）同时也适用于分配公共成本。分配标准的取用必须是经过待分配所有成员统一认定且有意义的衡量标准，比较标准需要与问题相关且合理。

第二节　公平公式的比较

一、不同点

1. 提出时间不同——跨越 2300 多年

亚里士多德的分配正义提出时间是公元前 330 年左右。因为这个公式首先是在《尼各马可伦理学》中提出的，这本书的出版时间大约为公元前 330 年。应该说在亚里士多德之前，柏拉图就有了能力（或贡献）与所得相匹配的思想。例如，前文中提到的柏拉图关于通过抽签作弊，让优秀的护卫者获得更多约会机会的思路。亚里士多德是否受到了该思路的启发显然很难确认，不过以数学形式表达这一思想，亚里士多德无疑是人类历史上第一人，可谓前无古人。

亚当斯的公平理论是于 1963 年提出的，此时距离亚里士多德首次提出公平公式已经将近 2300 年。亚当斯的研究完全是一个心理学家的研究，研究方法是心理学实验，而且研究兴趣只是弄清不公平情绪是如何产生的。可以肯定的是，亚当斯当时并没有注意到2000多年前亚里士多德所做的开创性工作（亚当斯的文章中没有提到亚里士多德）。

泽尔腾的公平奖励组合理论是于1976年提出的，与亚当斯的公平理论相差十几年。泽尔腾似乎没有注意到亚当斯的研究（泽尔腾的参考文献中没有亚当斯），同样也没有提到亚里士多德。

2. 研究视角和范畴不同

亚里士多德的分配正义关注的是社会秩序的建构，属于伦理学和政治学范畴。可分配的事物不仅涉及金钱，还包括荣誉、地位等公共物品（亚里士多德认为物品是可以拆分的），甚至也包括惩罚。[①]

亚当斯的公平理论关注的是不同劳动报酬对劳动者心理的影响，并由此找到了不公平心理感受的来源，属于心理学和管理学范畴。

泽尔腾的公平奖励组合关注的是规则对行为的影响，属于博弈论范畴。人们会根据规则，对自己的行为做出相应的调整。这就在规则和行为之间形成了一种博弈关系，而公平奖励组合可以实现行为人之间的一种相对稳定的公平关系。

3. 研究结论的影响力不同

在比较的三人中，亚里士多德的分配正义无疑是影响力最大的。比例正义的思想不仅在政治学、伦理学方面有广泛影响，而且影响到了法律和制度设计等方面。人们发现当把分配的事物变成惩罚的时候，这个比例公正思想对犯罪轻重和量刑适度之间的匹配也是合适的。在制度设计方面最能体现亚里士多德正义思想的是美国参众两院议员人数的分配。众议院议员名额按各州人口总数分配，人多从而相对纳税多，因此议员名额多，这符合分配正义；参议院议员名额则无论大小州，每州两人，属于矫正正义。

亚当斯的公平理论现在已经是管理学中的重要内容了，对于管理学研究者和企业管理者具有广泛影响。特别是在员工行为、激励和绩效等方面的研究和实践工作中备受重视。

泽尔腾的公平奖励组合理论在三人中影响相对较小，却是将比例相等思想从

---

① 因为亚里士多德重视法律，而且关注法律的公正，由此可以推知，亚里士多德应该知道他的公平公式可以适用于惩罚。

两方比较推广到多人情形的第一人，这是一个了不起的进步。该理论在多人合作的报酬分配方面具有重要参考价值。

二、相同点

1. 核心内容一致

三者关注的都是公平，亚里士多德关注的范围比较宏观，是对公正的根本性思考。亚当斯关注的是分配不公对劳动者情绪的影响。泽尔腾关注的则是规则或者制度对行为人的选择和行动策略的影响。尽管角度不同，但研究的核心内容都是公平，而且作为研究结论的公式几乎完全一致。

2. 数学形式一致

在数学形式上，三者都是等比例关系。亚里士多德和亚当斯的公式中只有两项，泽尔腾的公式则扩展到了多项，因此扩大了比较范围。跨越约 2300 多年的三位智者都在告诉我们，某种比例相等就是人类一直追求的公平。遗憾的是，他们都没说这种用来比较的东西（比值）是什么。

3. 同样影响力巨大

萨缪尔森认为，一种思想如果有机会写入教科书中，则不管这种思想是否正确，都可能是不朽的。这三人的思想已经成为教科书中的经典，其中亚里士多德的思想更是影响了人类几千年，即便是作为现代人的后两者也已经影响了人类几代人。他们的贡献已经成为后来者们继续攀登思想高峰的阶梯。

三、待解之谜

1. 为什么公元前的公式会被今人再次提出？

从来没听说今人再次提出勾股定理，亚里士多德的公平公式却被后人多次提出，为什么没有人质疑？

2. 是什么相等？

连等式中的比值到底是什么，有没有经济意义？

3. 等式的意义是什么？

等式除了表示公平，还有没有其他的含义？

第三节 等效率原则与公平公式的关系

此处可以首先回答待解之谜的第二个问题：比值是什么含义？因为前文提到的三个公平公式中的比值都有所得比付出的含义，而所得比付出等同于产出比投入，显然是一个效率的概念。

一、等效率原则及其证明

等效率原则：一个经济系统产出最大的必要条件是其中各个生产单元的效率都相等。

证明：假定经济系统中有 n 个生产单元。其中，生产单元 $i(i = 1, \cdots, n)$ 产出和投入分别为非负数 Y_i 和正数 I_i。总产出和总投入分别为 $Y = \sum_i Y_i$，$I = \sum_i I_i$。令 $\theta_i = Y_i/I_i$，称参数 θ_i 为生产单元 i 的效率。

考虑投入一定，总产出最大为目标的线性模型：

$$\max \sum_{i=1}^{n} \theta_i I_i$$

$$\text{s.t.} \sum_{i=1}^{n} I_i = I \tag{1-8}$$

采用拉格朗日乘数法求解式（1-8）有：

$$L(I_i) = \sum_{i=1}^{n} \theta_i I_i - \lambda \left(I - \sum_{i=1}^{n} I_i \right)$$

一阶条件：$\dfrac{\partial L}{\partial I_i} = \theta_i - \lambda = 0$，即：

$$\theta_1 = \theta_2 = \cdots = \theta_n = \lambda \tag{1-9}$$

我们称式（1-9）为等效率原则（下同）。其经济含义：经济系统总产出最大的必要条件是所有生产单元的效率相等。

容易证明总产出最大的充要条件：

$$\theta_1 = \theta_2 = \cdots = \theta_n = \theta_m \tag{1-10}$$

其中，$\theta_m = \max \{ \theta_i \mid i = 1, \cdots, n \}$。

式（1-10）揭示了生产效率和配置效率（也是帕累托效率）的理论联系。也就是说，当所有生产单元的效率都相等时，就实现了资源配置的最优，实现了生产者均衡（相关证明见后续章节）。

无论效率是否相等，经济系统的效率均值和方差总可以表示为：

$$\bar{\theta} = \sum_i \theta_i I_i / I \tag{1-11}$$

$$\sigma^2 = \sum_i (\theta_i - \bar{\theta})^2 / n \tag{1-12}$$

式（1-11）代表所有生产单元的平均效率，式（1-12）则反映不公平的程度，当式（1-10）成立时方差为 0。本书称式（1-11）为效率函数[①]。

二、公平公式一致性证明

为了说明公平公式和等效率原则的等价性，以下从效率的均值与方差角度分别检验三个公平公式与等效率原则的一致性。

1. 亚里士多德的公式

亚里士多德的公式为：

$$\frac{a}{b} = \frac{A}{B} \tag{1-13}$$

其中，a 与 b 是待分配的可被拆分事物，A 表示分配到事物 a 的人，B 表示分配到事物 b 的人。式（1-13）应用更比定理得：

$$\frac{a}{A} = \frac{b}{B} \tag{1-14}$$

证明：在 A 与 B 参与的同一经济活动中，A 与 B 可视为投入，a 与 b 可视为产出，用 θ 表示两人的平均效率，$\sigma^2(\theta)$ 表示两人效率的方差：

$$\theta = \frac{a+b}{A+B} = \frac{A\theta_A + B\theta_B}{A+B} \tag{1-15}$$

$$\sigma^2(\theta) = \sum_{i=1}^{2} \frac{(\theta_i - \theta)^2}{2} = \frac{(A^2 + B^2)}{2(A+B)^2}(\theta_a - \theta_b)^2 \tag{1-16}$$

以上两式表明：经济活动中的总体效率是其参与者个体效率的加权平均值。方差为 0 时，$\theta_A = \theta_B$，即 $\frac{a}{A} = \frac{b}{B}$，公平存在。

---

① 回顾亚里士多德公式中包含的两个要点：适度（效率都等于其共同的均值）和公平（效率的方差为0）。

2. 亚当斯的公式

亚当斯的公式如下：

$$\frac{O_p}{I_p} = \frac{O_a}{I_a} \qquad (1-17)$$

其中，p（Person）为任意个体或群体；a（Other）为其他个体或群体；O 为特定交换关系中个体或群体的所得；I 为特定交换关系中个体或群体的所得投入。

证明： 令 $Y = O_p + Q_a$，$I = I_p + I_a$，$\theta_p = \frac{O_p}{I_p}$，$\theta_a = \frac{O_a}{I_a}$，

则有：

$$\theta = \frac{Y}{I} = \frac{\theta_p I_p + \theta_a I_a}{I_p + I_a} \qquad (1-18)$$

$$\sigma^2(\theta) = \frac{(I_p^2 + I_a^2)}{2(I_p + I_a)^2}(\theta_p - \theta_a)^2 \qquad (1-19)$$

以上两式表明：经济活动中的总体效率是其参与者个体效率的加权平均值。方差为 0 时，$\theta_p = \theta_a$，公平存在。

3. 泽尔腾的公式

泽尔腾公平奖励组合公式如下：

$$\frac{r_1}{w_1} = \frac{r_2}{w_2} = \cdots = \frac{r_n}{w_n} \qquad (1-20)$$

其中，r_i 和 w_i 分别为组内成员 i 的奖励和分配权重。

证明： 令 $\theta_i = \frac{r_i}{w_i}$（$i = 1, \cdots, n$），则有：

$$\theta = \frac{\sum\limits_{i=1}^{n} \theta_i w_i}{\sum\limits_{i=1}^{n} w_i} \qquad (1-21)$$

$$\sigma^2(\theta) = \frac{1}{n}\sum\limits_{i=1}^{n}\left(\theta_i - \frac{\sum\limits_{i=1}^{n} \theta_i w_i}{\sum\limits_{i=1}^{n} w_i}\right) \qquad (1-22)$$

以上证明表明：三个公平公式是一致的，而且与等效率原则的公式一致。本部分比较三个公式的数学形式，目的就是想说明，尽管三个公式及其来源具有根

本的不同，但有相同的数学形式，而且与等效率原则的表达式完全一致。

三、等效率原则的性质

命题1：存在零度齐次生产函数时，效率 θ 等于生产要素价格。

证明：考虑零度齐次生产函数 $Y=F(K,L)$，根据欧拉定理有：

$$Y=\frac{\partial Y}{\partial K}K+\frac{\partial Y}{\partial L}L \qquad (1-23)$$

根据效率的定义又有：

$$Y=\theta_K K+\theta_L L \qquad (1-24)$$

故有：

$$\theta_K=\frac{\partial Y}{\partial K}, \quad \theta_L=\frac{\partial Y}{\partial L} \qquad (1-25)$$

根据式（1-24），θ_K、θ_L 分别为资本和劳动的价格，即利率 r 和工资率 w。也就是 $\theta_K=r$，$\theta_L=w$。故式（1-24）也可改写为：

$$Y=rK+wL \qquad (1-26)$$

由此可以得出：

命题2：生产系统产出最大的必要条件是生产要素价格相等。

命题3：等效率原则是效率函数的不动点。

证明：考虑式（1-11）中的效率函数 $f(\theta_i)=\sum_i \theta_i I_i/I$，当满足式（1-10）的时候，即当 $\theta_1=\theta_2=\cdots=\theta_n=\theta^*$ 时，有：

$$f(\theta^*)=\theta^* \qquad (1-27)$$

根据不动点定义，等效率原则是经济系统效率函数的一个不动点。

命题4：等效率原则等价于生产者均衡。

生产者在给定的成本约束下，产出达到最大时，该生产者就处于均衡状态。另一种说法是，给定总成本，等成本线与等产量线的切点，就是生产者的均衡点。

证明：当 $\theta=1$ 时，有总产出 $Y=I$。令 $Y=Y(q)$，$I=I(q)$。等式 $Y(q)=I(q)$ 两端同时对产量 q 求导有：

$$\frac{dY(q)}{dq}=\frac{dI(q)}{dq} \qquad (1-28)$$

此时边际收益等于边际成本：$MR=MC$（注意：$\theta=1$ 是边际收益等于边际成

本的充分条件，不是必要条件）。

由式（1-24）、式（1-26）可知边际技术替代率：

$$MRTS_{LK} = -\frac{dK}{dL} = -w/r = -\theta_K/\theta_L = -1 \qquad (1-29)$$

式（1-29）对于所有齐次生产函数均成立。这是帕累托最优的条件之一，即生产最优（也就是生产者均衡）。

第四节 间接的效率-公平研究结果

前述三个公平公式和等效率原则都是与效率和公平直接相关的，还有一些理论和研究成果从表面上看与效率和公平的关系并不明显，但稍加变形，就会发现关注的也是效率和公平。囿于眼界和精力，目前还未发现更多，以下仅列举几例。

一、DEA 效率

1. DEA 模型简介

数据包络分析法（Data Envelopment Analysis，DEA）是由著名运筹学家查恩斯、库伯、罗兹于 1978 年提出的，主要用于人们在生产或社会活动中评价相同类型部门（决策单元，Decision Making Units，DMU）间相对有效性的方法，用作多输入与多输出决策单元的效率评价（Charnes et al.，1978）。数据包络分析法需要决策单元的"输入"数据；DMU 完成活动时消耗的资源和"输出"数据；DMU 被投入资源后产生的活动成效信息量。使用数据包络分析法的条件：①具有多个决策单元；②不同决策单元的输入与输出指标相同；③决策单元外部环境相同；④决策单元的目标相同。

经典的 DEA 模型分为两类：一类是包含固定规模报酬假设的 CCR 模型；另一类是包含可变规模报酬假设的 BCC 模型。式（1-30）至式（1-32）为 CCR 模型的定义式：

$$\max h_k = \frac{\sum_{i=1}^{m} u_i y_{ik}}{\sum_{j=1}^{n} v_j x_{jk}} \tag{1-30}$$

$$\text{s. t.} \ \frac{\sum_{i=1}^{n} u_i y_{ik}}{\sum_{j=1}^{n} v_j x_{jk}} \leqslant 1, \ k=1, \ \cdots, \ K \tag{1-31}$$

$$u_i, \ v_j \geqslant 0 \tag{1-32}$$

式（1-30）至式（1-32）中：有 K 个决策单元，y_{ik} 是决策单元 $k(k=1, \ \cdots, \ K)$ 产出资源 $i(i=1, \ \cdots, \ m)$ 的数量；x_{jk} 是决策单元 k 投入资源 $j(j=1, \ \cdots, \ n)$ 的数量。v_j 是投入资源的权重，u_i 是产出资源的权重。当所有决策单元都有效的时候：

$$h_1 = h_2 = \cdots = h_K = 1 \tag{1-33}$$

式（1-33）表明：所有决策单元效率都相等且为 1 时，结果满足等效率原则。

2. DEA 模型的线性结构假定

由 DEA 模型目标函数、约束条件和最大效率等于 1 等特征，联想到线性规划模型的对偶理论，因此有一个猜想：DEA 模型或许与对偶理论有某种联系，于是做了下面的初步研究。

第一，DEA 模型结构。所谓 DEA 模型的内部结构可由以下图形说明：图 1-1 中，决策单元共有 K 个，对于其中任意一个决策单元 k，都有一个 m 维的投入向量 $\boldsymbol{X}^m$ 及其权重向量 $\boldsymbol{v}^m$，投入向量及其权重向量经过决策单元 k 的映射变成了 n 维产出向量 $\boldsymbol{Y}^n$ 及其权重向量 $\boldsymbol{u}^n$。

图 1-1 DEA 模型结构示意图

资料来源：笔者自绘。

所谓 DEA 模型的结构就是指下面使得投入向量变成产出向量的映射：

$$\boldsymbol{X}^m \rightarrow \boldsymbol{Y}^n \tag{1-34}$$

其中，输入向量 X^m 和输出向量 Y^n 是已知的数据，而两个相应的权重向量 v^m 和 u^n 是待求的未知数。

第二，DEA 模型的求解思路。决策单元 k 的相对效率评价模型为：

$$\max h_k = \frac{\boldsymbol{u'Y}_k}{\boldsymbol{v'X}_k} \tag{1-35}$$

$$\text{s. t.} \begin{cases} \dfrac{\boldsymbol{u'Y}_k}{\boldsymbol{v'X}_k} \leqslant 1 \\ u_i,\ v_j \geqslant 0,\ k=1,\ \cdots,\ K \end{cases} \tag{1-36}$$

模型（1-35）和模型（1-36）的意义：以决策单元 k 的效率表达式为目标函数，以 K 个决策单元效率都不大于 1 为约束条件，求出权重系数就可以计算出决策单元 k 的相对（相对于所有决策单元，包括它本身）效率。

第三，DEA 模型的线性结构假定及算例。模型（1-35）和模型（1-36）通过变量替换等方法可以转变成线性规划模型求解。尽管能够求出权重系数并计算出各个决策单元的相对效率，但权重向量的意义不清楚，确切地说，仍然不清楚图 1-1 黑箱中的映射。

为此假定黑箱中有个矩阵 $\boldsymbol{A}_{m \times n}$ 能够使得 $\boldsymbol{AY}=\boldsymbol{X}$，因为 $\boldsymbol{X}$、$\boldsymbol{Y}$ 为已知，所以通过等式 $\boldsymbol{AY}=\boldsymbol{X}$，有可能找到 $\boldsymbol{A}$，如果找到了 $\boldsymbol{A}$，就相当于打开了 DEA 模型结构的黑箱。

考虑以下线性规划模型：

$$\max z = \boldsymbol{u'Y}$$
$$\text{s. t. } \boldsymbol{AY}=\boldsymbol{X} \tag{1-37}$$

对偶模型：

$$\min w = \boldsymbol{v'X}$$
$$\text{s. t. } \boldsymbol{A'X} \geqslant \boldsymbol{u} \tag{1-38}$$

根据线性规划模型的性质，有：

$$\frac{\boldsymbol{u'Y}}{\boldsymbol{v'X}} \leqslant 1 \tag{1-39}$$

式（1-37）、式（1-38）与式（1-30）、式（1-31）、式（1-32）中的目标函数和约束条件具有相同的数学形式。当 $\boldsymbol{X}$ 和 $\boldsymbol{Y}$ 的维数相等，即 $m=n$ 时[①]，可

---

① $m \neq n$ 时的求解方法请参考文献：Markowitz（1952）、杨德权和王佳（2014）、Troutt 等（2005）、Troutt 等（2006）。

以求出唯一的 A，满足 $AY=X$。以下用两个简单的数值算例说明。

算例 1：假设有两个决策单元，输入输出数据如表 1-1 所示。

表 1-1　算例 1 输入输出表

	输出 Y		输入 X	
DMU1	100	90	20	151
DMU2	150	50	19	131

此算例中，由输入矩阵 $X=\begin{bmatrix} 20 & 19 \\ 151 & 131 \end{bmatrix}$，输出矩阵 $Y=\begin{bmatrix} 100 & 150 \\ 90 & 50 \end{bmatrix}$，可求出 DEA 模型的线性结构矩阵[①]：

$$A=\begin{bmatrix} 0.0835 & 0.1294 \\ 0.4988 & 1.1235 \end{bmatrix} \tag{1-40}$$

由此可以打开 DEA 模型结构的黑箱，得到如下的映射关系：$Y=A^{-1}X$，如图 1-2 所示。

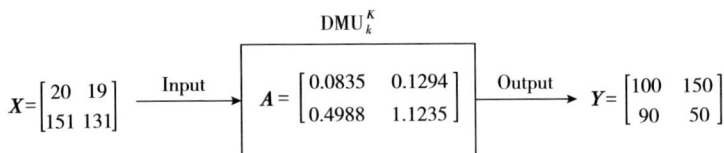

$$DMU_k^K$$

$$X=\begin{bmatrix} 20 & 19 \\ 151 & 131 \end{bmatrix} \xrightarrow{\text{Input}} A=\begin{bmatrix} 0.0835 & 0.1294 \\ 0.4988 & 1.1235 \end{bmatrix} \xrightarrow{\text{Output}} Y=\begin{bmatrix} 100 & 150 \\ 90 & 50 \end{bmatrix}$$

图 1-2　DEA 模型结构举例

算例 2：假设有 7 个决策单元（DMU），分别是 A、B、C、D、E、F、G，两个输入指标，一个输出指标，如表 1-2 所示。

表 1-2　算例 2 输入输出表

	A	B	C	D	E	F	G
输入 1	4	7	8	4	2	10	3
输入 2	3	3	1	2	4	1	7
输出	1	1	1	1	1	1	1

---

① 此结果与 DEA 模型传统解法结果不同，但都是模型的解。

以决策单元 A 和 C 为例，采用线性结构假定，可以求出两决策单元黑箱内的矩阵 $A_A = \begin{bmatrix} 4 \\ 3 \end{bmatrix}$，$A_C = \begin{bmatrix} 8 \\ 1 \end{bmatrix}$。由此分别求出决策单元 A 和 C 的相对效率值：$h_A = 6/7$，$h_C = 1$，与 DEA 模型评价结果一致。[①] 经过 DEA-CCR 模型计算后，结果如表 1-3 所示。

表 1-3　算例 2 计算结果

	A	B	C	D	E	F	G
$v1$	1/7	1/19	1/12	1/12	1/2	0	1/3
$v2$	1/7	4/19	1/3	1/3	0	1	0
$u1$	6/7	12/19	1	1	1	1	2/3
h	6/7	12/19	1	1	1	1	2/3
有效性	无效	无效	有效	有效	有效	有效	无效

二、夏普利值

劳埃德·斯托韦尔·夏普利（1923—2016 年），美国数学家、经济学家。他是美国加州大学洛杉矶分校数学和经济学名誉教授。他因在博弈论领域的贡献，于 2012 年与阿尔文·罗思共同获得诺贝尔经济学奖。

夏普利值（Shapley Value）公式是于 1953 年由夏普利提出的，主要用于解决合作博弈中成员利益分配的问题，可保证分配的公平（Shapley，1953）。夏普利从公理的有效性（局中人的所得之和为联盟的总财富）、公理的对称性（局中人地位平等、两个局中人相互替代后值不改变）、公理的可分可加性（对策之和的值等于对策值相加）提出了夏普利值公式，并证明了解的唯一性。夏普利值公式如下：

$$\Psi_i(n, v) = \frac{\sum_i U[V_i(s) - V-1(s)]}{n!} \tag{1-41}$$

其中，U 是 n 个局中人的排列，有 $n!$ 个。s 为其中的一个排列。$V_i(s)$ 是包含成员 i 联盟的支付值，$V-1(s)$ 是不包含成员 i 联盟的支付值。$V_i(s) - V-1(s)$ 是

---

① 这个结果只是说明 DEA 线性结构假定有一定的可能性，还不够充分，需要进一步研究。

参与人 $i(i=1, \cdots, n)$ 在排列 s 下的边际贡献。

式（1-41）左端是局中人 i 的所得，右端是投入，两端相除，有：

$$\theta_i = \frac{\Psi_i(n, v)n!}{\sum_i U[V_i(s) - V - 1(s)]} = 1 \qquad (1-42)$$

式（1-42）的意义就是每个局中人 i 的效率都相等，且等于 1。因此，分配结果对每个局中人都是公平的。将式（1-41）中的 n 比例写成连等式，就得到了泽尔腾的公平奖励组合公式。

三、托宾 Q

詹姆士·托宾（1918—2002 年），生于美国伊利诺伊州，美国著名经济学家。其因在计量经济、家庭和企业行为理论、投资决策等方面的贡献获得 1981 年诺贝尔经济学奖。托宾 Q 理论是经济学家托宾于 1969 年提出的一个著名的系数，该系数为企业股票市值与股票所代表的资产重置成本的比值。

托宾 Q：企业现值/企业的重置成本。

当 $Q<1$ 时，即企业市价小于企业重置成本，经营者将倾向于通过收购来实现企业扩张，厂商不会购买新的投资品，因此投资支出便降低。

当 $Q>1$ 时，弃旧置新。企业市价高于企业的重置成本，企业发行较少的股票而买到较多的投资品，投资支出便会增加。

当 $Q=1$ 时，企业投资和资本成本达到动态均衡。

若将公司现值（PV）比上重置成本（RC）看成效率，那么托宾 Q 就是将一个效率为 $\theta_Q = \dfrac{PV}{RC}$ 的企业与一个效率为 1 的企业进行比较。因为企业可以看作生产要素组合，所以 θ_Q 可以看作这个要素组合的价格。1 是完全竞争市场中生产要素组合的价格（因为完全竞争市场中所有生产要素价格都是 1），也是企业盈亏平衡点处的效率。

如果 $\theta_Q<1$，说明投资效率低，企业处于盈亏平衡点以下，投资会有相对亏损，应减少投资。

如果 $\theta_Q>1$，说明投资效率高，企业处在盈亏平衡点以上，投资会有相对经济利润，可扩大投资。

如果 $\theta_Q=1$，说明企业在盈亏平衡点处，投资只能获得正常利润。

四、科斯的"牛麦"问题

罗纳德·哈里·科斯（1910—2013 年），出生于英国伦敦，英国著名经济学家，芝加哥派代表人物，法律经济学的创始人之一，1991 年因为产权理论和法律经济学等方面的贡献获得诺贝尔经济学奖。

科斯定理是用来界定产权边界的有力工具，但这个定理并未给出具体的计算方法。产权界定的关键是公平，所以用等效率原则应该可以解决这个问题。

有一个用来说明科斯定理应用的例子：养牛和种麦的两个农户决定在两家的土地边界上修一个栅栏，防止牛来吃麦子。由于此前两家土地边界不明确（产权不明晰），两人都想趁重新划分的机会多占土地。现在的问题是如何划分才公平。

现有的解释都是根据边际分析思想的语言解释，还未见到基于公式的解释。以下用等效率原则解决这个科斯问题。

假定：

养牛人和种麦人的土地面积分别为 S_1 和 S_2，总面积 $S = S_1 + S_2$；

两人的收益分别是 Y_1 和 Y_2，总收益 $Y = Y_1 + Y_2$；

两人分担的交易成本分别是 c_1 和 c_2，总交易成本 $c = c_1 + c_2$；

两人的单位土地面积的综合成本（包括地租、人工费用等）分别是 r_1 和 r_2；

两人的效率：$\theta_1 = \dfrac{Y_1}{r_1 S_1 + c_1}$，$\theta_2 = \dfrac{Y_2}{r_2 S_2 + c_2}$。

根据等效率原则，若要两人公平分配土地面积，需 $\theta_1 = \theta_2$，故有：

$$\frac{Y_1}{r_1 S_1 + c_1} = \frac{Y_2}{r_2 S_2 + c_2} = \frac{Y}{r_1 S_1 + r_2 S_2 + c} \tag{1-43}$$

由式（1-43）可以得到两个有参考价值的结果：

第一，当交易费用为 0，$r_1 = r_2 = r$ 时，两人土地面积公平划分的结果是两人单位土地面积收益相等。

第二，总交易费用的上限。由 $\theta = 1$ 得到：

$$c = Y - rS \tag{1-44}$$

式（1-44）给出了交易费用的上限，即总交易费用不能高于两人收益的总和。

五、维克里拍卖

威廉·斯潘塞·维克里（1914—1996 年）是加拿大经济学家、诺贝尔经济学奖得主。1961 年维克里创立了博弈论的一个新分支——拍卖理论。维克里与詹姆斯·莫理斯因关于不对称信息条件下的激励理论方面的贡献，获得 1996 年诺贝尔经济学奖。在获奖消息公布 3 天之后，维克里就离开了人世。他在哥伦比亚大学的同事、经济学家罗威尔·哈里斯代其接受了这一奖项。

1. 维克里拍卖模型的简要回顾

本书沿用维克里提出的独立私人价值（Independent Private Value，IPV）假设框架：拍卖方拍卖一件不可分割的物品，有 n 个竞标者参与竞标。

私人价值：n 个人对拍品的估值为 $v_i(i=1, \cdots, n)$，对于竞标人 i 来说，只有他自己知道估值是随机变量 v_i。v_i 是定义在 $[\underline{v}, \bar{v}]$ 的概率分布函数 $F(v_i)$ 和密度函数 $f(v_i)$。

独立性：n 个人各自独立估价，不接受他人的估值，即 $v_i \neq v_j (j \neq i)$。因此，$v_1, \cdots, v_n$ 是相互独立的随机变量，故它们的联合概率分布函数为：$F(v_1, \cdots, v_n) = F_1(v_1) \times F_2(v_2) \times \cdots \times F_n(v_n)$。

对称性：$\forall v \in [\underline{v}, \bar{v}]$，$F_i(v) = F_j(v) = F(v)$，$i = 1, \cdots, n$，$j = 1, \cdots, n$。

风险中性：买卖双方都追求收益最大化。

非合作：所有买方独立出价，不存在合作性协议。

独立私人价值拍卖模型如下：假定竞标者 i 的报价是单调增函数 $B_i(v_i)$，则由对称性可知：$\forall v \in [\underline{v}, \bar{v}]$，$B_i(v) = B_j(v) = B(v)$。考虑投标人（考虑到对称性，所有人的利润函数相同）的期望收益函数：

$$\pi = [v - B(t)] \cdot pr\{B(v_2) < B(t), \cdots, B(v_n) < B(t)\} = [v - B(t)] \cdot F^{n-1}(t) \tag{1-45}$$

因为 $B(t)$ 为单调增函数，所以其最大值必在 $t^* = v$ 处取得，因此有一阶条件：

$$\frac{\partial \pi}{\partial t}\Big|_{t^* = v} = -B'(v)F^{n-1}(v) + [v - B(v)][F^{n-1}(v)]' = 0 \tag{1-46}$$

整理得：

$$B'(v) = [v - B(v)]\frac{[F^{n-1}(v)]'}{F^{n-1}(v)} \tag{1-47}$$

注意到投标人的出价不能低于 $\underline{v}$，所以有 $B(\underline{v}) = \underline{v}$ 是式（1-47）所示微分方程的初始值。假定 $B(v)$ 是以下初值问题的解：

$$\begin{cases} B'(v) = \left[v - B(v) \right] \dfrac{\left[F^{n-1}(v) \right]'}{F^{n-1}(v)} \\ B(\underline{v}) = \underline{v} \end{cases} \tag{1-48}$$

解得：

$$B(v) = v - \frac{\displaystyle\int_{\underline{v}}^{v} F^{n-1}(t)\,dt}{F^{n-1}(v)}, \quad v \in \left[\underline{v}, \ \overline{v} \right] \tag{1-49}$$

式（1-49）经分部积分，可变形为：

$$B(v) = \frac{\displaystyle\int_{\underline{v}}^{v} t\,dF^{n-1}(t)}{F^{n-1}(v)} = E\left(v^{(2)} \mid v^{(1)} = v \right) \tag{1-50}$$

这里 $v^{(2)}$、$v^{(1)}$ 分别为所有投标人私人估值中的第二高值和最高值，两者的概率密度分别为 $n(n-1)f(v)F^{n-2}\left[1-F(v) \right]$ 和 $nf(v)F^{n-1}(v)$。

Riley 和 Samuelson（1981）从收益等价定理角度论述了最优拍卖机制。拍卖环境是基于独立私人价值假设下的单物品拍卖，有 n 个投标方参与竞标。拍卖方在拍卖中设置了保留价格，并且拍卖方对拍卖品的估价为 v_0。用 v^* 表示最优保留价格，在最优拍卖机制得到最优保留价格与估价之间的关系满足 $v_0 = v^* - \dfrac{1-F(v^*)}{f(v^*)}$。

采用信息租金表示的拍卖方期望收益和估值的期望分别为：

期望收益：$E_{output} = \left[v_i - \dfrac{1-F(v_i)}{f(v_i)} \right] f(v_i) F^{n-1}(v_i)$

期望估值：$E_{input} = v_0 f(v_i) F^{n-1}(v_i)$

投标人的期望收益和期望估值分别为：

期望收益：$E_{output} = v_i F^{n-1}(v_i)$

期望估值：$E_{input} = \left[v_i - \dfrac{1-F(v_i)}{f(v_i)} \right] F^{n-1}(v_i)$

2. 等效率原则应用于拍卖模型

根据效率定义竞标者的效率：

$$\theta_{bidder} = \frac{E_{output}}{E_{input}} = \frac{v_i \cdot prob(win)}{\left[v_i - \dfrac{1-F(v_i)}{f(v_i)} \right] \cdot prob(win)} = \frac{v_i \cdot F^{n-1}(v_i)}{\left[v_i - \dfrac{1-F(v_i)}{f(v_i)} \right] \cdot F^{n-1}(v_i)} \tag{1-51}$$

当拍卖方效率为 1 时，$b_i = v_i - \dfrac{1-F(v_i)}{f(v_i)}$，$F(v_i) = 1$。这个结果说明投标方按照自己的估值出价，不赔钱且胜出的概率最大。此结果对式（1-45）亦成立。

拍卖者的效率：

$$\theta_{seller} = \frac{E_{output}}{E_{input}} = \frac{\left[v_i - \dfrac{1-F(v_i)}{f(v_i)} \right] f(v_i) F^{n-1}(v_i)}{v_i f(v_i) F^{n-1}(v_i)} \tag{1-52}$$

若拍卖方在拍卖中设置了一个保留价格，即拍卖中的最低收益价格。通过保留价格计算出的信息租金表示为拍卖方的最低边际收益，计算出的结果如下：

$$v_0 = v^* - \frac{1-F(v^*)}{f(v^*)} \tag{1-53}$$

拍卖方的效率为 1 时，得到 $v_0 = v_i - \dfrac{1-F(v_i)}{f(v_i)}$。当拍卖者估值等于保留价格时，拍卖者不亏钱的概率是 1，也就是肯定不亏钱。

当效率为 1 且相等的时候，拍卖方和竞标者实现了公平，按照最小后悔值决策原则，达到了双方都不亏钱的均衡，也就是公平、有效的分配。

当估值为最小值 $\underline{v}$ 时，四种拍卖方式的效率表达式一致：

$$\theta_{FA} = \theta_{SA} = \theta_{EA} = \theta_{DA} = \frac{v F^{n-1}(v)}{v F^{n-1}(v) - \int_{\underline{v}}^{v} F^{n-1}(t)\, dt} = 1 \tag{1-54}$$

其中，θ_{FA}、θ_{SA}、θ_{EA}、θ_{DA} 分别为密封第一价格、次高价格、英式拍卖和荷兰式拍卖的效率。[①]

六、投资效率的均值-方差模型

哈里·马科维茨（1927—2023 年）出生于美国伊利诺伊州的芝加哥。1990 年因为在金融经济学方面做出的开创性工作，同另外两人一起获得了诺贝尔经济学奖。1952 年，马科维茨提出了著名的均值-方差模型。

1. 效率的均值-方差模型

尽管马科维茨的均值-方差模型是为证券投资提出的，但其本质是探讨给定均值下的最小方差，其中隐含着效率与公平的数量关系。以下通过将均值方差模

[①] 当 $v = \underline{v}$ 时，四个效率都等于 1，因为分母最后一项积分上下限相同，积分值为 0。

型中的证券收益率向量替换为投资效率，来探讨效率和公平的数量关系。事实上，在$[t, t+1]$时段证券收益率如下：

$$r_t = \frac{p_{t+1} - p_t}{p_t} = \frac{p_{t+1}}{p_t} - 1 \qquad (1-55)$$

式（1-55）的$\frac{p_{t+1}}{p_t}$即投资效率。若将马科维茨模型中的收益率改写为$r_t = \theta_t - 1$，就可以得到以下模型（过程略）。

若n种要素的投入数量和使用效率向量分别记为：$\boldsymbol{I} = (I_1, \cdots, I_n)$和$\boldsymbol{\theta} = (\theta_1, \cdots, \theta_n)$，一段时期内效率向量$\boldsymbol{\theta}$的协方差矩阵为$\boldsymbol{V}$。保证平均效率方差最小的投入组合可以由以下模型求得：

$$\min \frac{1}{2} \boldsymbol{IVI'}$$

$$\text{s. t.} \begin{cases} \boldsymbol{I\theta} = \boldsymbol{\theta}_m \\ \boldsymbol{Iu} = 1 \end{cases} \qquad (1-56)$$

其中，$\boldsymbol{u}$是元素都为1的n维行向量。

该模型的经济意义：给定效率均值θ_m时，模型最优解确定的投入方案可以使得作为随机变量的平均效率θ_m的方差最小。

2. 效率边界

式（1-56）与马科维茨均值-方差模型的解具有相同的数学形式：

$$\boldsymbol{I} = [(C\boldsymbol{\theta}_m - A)\boldsymbol{V}^{-1}\boldsymbol{\theta} + (B - A\boldsymbol{\theta}_m)\boldsymbol{V}^{-1}\boldsymbol{u}]/D \qquad (1-57)$$

其中，$A = \boldsymbol{uV}^{-1}\boldsymbol{I'}$，$B = \boldsymbol{IV}^{-1}\boldsymbol{I'}$，$C = \boldsymbol{uV}^{-1}\boldsymbol{u'}$，$D = BC - A^2$（$\boldsymbol{V}$正定时，$D > 0$）。且有：

$$\sigma^2 = \boldsymbol{IVI'} = (C\theta_m^2 - 2A\theta_m + B)/D \qquad (1-58)$$

式（1-58）为一抛物线，如图1-3所示。

根据前文的研究可知，当效率的方差为0时，就是实现了公平，因此效率方差最小的含义就是最大程度的公平。如果公平也意味着均衡，那么该模型的意义就是给定平均效率时，非均衡程度最小的投资方案。

该模型与马科维茨模型数学形式相同，因此从某种意义上说，马科维茨的均值方差模型也是一个揭示效率-公平数量关系的模型。

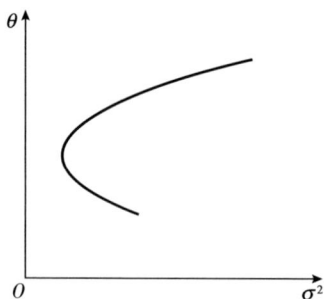

图 1-3　经济效率及其方差

资料来源：笔者自绘。

本章小结

本章主要讨论了有史以来的三个公平公式与等效率原则的一致性：公平公式赋予了等效率原则的公平内涵；等效率原则确认了公平公式中比例项是效率这个关键。这种互补不仅使等效率原则拥有更坚实的基础，而且扩大了等效率原则的应用范围。本章的主要工作和结论如下：

第一，通过比较亚里士多德、亚当斯和泽尔腾的公平公式，发现了三者的一致性，并较为详细地比较了三者的异同。

第二，明确了公平公式中比例项的经济学含义是效率，证明了三个公平公式与等效率原则的等价性。

第三，给出并证明了基于等效率原则的四个命题。

命题 1：存在零度齐次生产函数时，效率 θ 等于生产要素价格。

命题 2：生产系统产出最大的必要条件是生产要素价格相等。

命题 3：等效率原则是效率函数的不动点。

命题 4：等效率原则等价于生产者均衡。

第四，揭示了几个表面上看似无关，但实际上与等效率原则密切相关的研究。

夏普利值：夏普利值公式左端是局中人的报酬，右端是贡献。左端除以右端就是效率。如果局中人的效率都相等，这个连等式就是泽尔腾的公平奖励组合公式。

DEA 效率：当所有决策单元的效率都是 1 的时候，与等效率原则完全一致。

托宾 Q：托宾 Q 的含义是效率。托宾 Q 大于 1 表明并购有经济利润；等于 1 只有正常利润；小于 1 则会亏损。

科斯定理：给出了基于等效率原则的产权公平划分公式和交易费用上限。

维克里拍卖模型：四种拍卖方式都在比较效率，当拍卖均衡时效率均等于 1，与等效率原则完全一致。

马科维茨的均值-方差模型：效率相等是公平，效率不相等就是不公平，效率的方差代表了公平程度。因此，均值方差模型实际上是揭示了效率和公平之间的数量关系。在不可能完全公平的现实环境中，在给定效率均值的前提下，可以通过调整投入权重把不公平降至最低。

本章参考文献

［1］Adams J S, Jacobsen P R. Effects of Wage Inequities on Work Quality ［J］. Journal of Abnormal and Social Psychology，1964（69）：19-25.

［2］Adams J S. Inequity in Social Exchange ［J］. Advances in Experimental Social Psychology，1965（2）：267-299.

［3］Adams J S. Toward an Understanding of Inequity ［J］. Journal of Abnormal and Social Psychology，1963，67（5）：422-436.

［4］Berg S V. Duopoly Compatibility Standards with Partial Cooperation and Standards Leadership ［J］. Information Economics and Policy，1988，3（1）：35-53.

［5］Charnes A，Cooper W W，Rhodes E. Measuring the Efficiency of Decision Making Units ［J］. European Journal of Operational Research，1978，2（6）：429-444.

［6］Coase R H. The Problem of Social Cost ［J］. The Journal of Law and Economics，1960（3）：1-44.

［7］Forsyth D R. Group Dynamics ［M］. Belmont，CA：Wadsworth Cengage

Learning, 2006.

[8] Friedman J W. Oligopoly and the Theory of Games [M]. Amsterdam：North-Holland, 1977.

[9] Homans C. Social Behavior：Its Elementary Forms [M]. New York：Harcourt, Brace and World, 1961.

[10] Keyt D. Aristotle's Theory of Distributive Justice [M] // Keyt D, Miller F D. A Companion to Aristotle's Politics. Cambridge：Basil Blackwell, 1991.

[11] Leventhal G S. What Should be Done with Equity Theory? New Approaches to the Study of Fairness in Social Relationships [M]. New York：Plenum Press,1980.

[12] Lujansky H, Mikula G. Can Equity Theory Explain the Quality and the Stability of Romantic Relationships? [J]. British Journal of Social Psychology, 1983, 22 (2)：101-112.

[13] Markowitz H M. Portfolio Selection [J]. Journal of Finance, 1952 (7)：77-91.

[14] Nydegger R V, Owen G. Two-Person Bargaining：An Experimental Test of the Nash Axioms [J]. International Journal of Game Theory, 1974 (3)：239-249.

[15] Patchen M. The Choice of Wage Comparisons [M]. Englewood Cliffs, NJ：Prentice Hall, 1961.

[16] Riley J G, Samuelson W F. Optimal Auction [J]. American Economic Review, 1981, 71 (3)：381-392.

[17] Sayles L R, Strauss G. Personnel：The Human Problems of Management [M]. Englewood Cliffs, NJ：Prentice-Hall, 1960.

[18] Schelling C T. The Strategy of Conflict [M]. Cambridge：Harvard University Press, 1960.

[19] Shapley L S. A Value for n-Person Games [J]. Contributions to the Theory of Games, 1953, 2 (28)：307-317.

[20] Selten R. Models of Strategic Rationality [M]. Netherlands：Springer, 1988.

[21] Tobin J. A General Equilibrium Approach to Monetary Theory [J]. Journal of Money, Credit and Banking, 1969 (1)：15-29.

[22] Troutt M D, Brandyberry A A, Sohn C, et al. Linear Programming System Identification：The General Nonnegative Parameter Case [J]. European Journal of Op-

erational Research，2008，185（1）：63-75.

［23］Troutt M D，Pang W K，Hou S H. Behavioral Estimation of Mathematical Programming Objective Function Coefficients ［J］. Management Science，2006，52（3）：422-434.

［24］Troutt M D，Tadisina S K，Sohn C. Linear Programming System Identification ［J］. European Journal of Operational Research，2005，161（3）：663-672.

［25］Vickrey W. Counters Peculation，Auctions，and Competitive Sealed Tenders ［J］. Journal of Finance，1961，16（1）：8-37.

［26］Wake I，Smith H J. Relative Deprivation：Specification，Development，and Integration ［M］. Cambridge：Cambridge University Press，2002.

［27］柏拉图. 理想国 ［M］. 郭斌和，张竹明，译. 北京：商务印书馆，1986.

［28］胡玉桐. 基于等效率原则的公平与效率一致性研究 ［D］. 大连：大连理工大学，2021.

［29］亚里士多德. 尼各马可伦理学 ［M］. 廖申白，译. 北京：商务印书馆，2003.

［30］亚里士多德. 政治学 ［M］. 吴寿彭，译. 北京：商务印书馆，1981.

［31］杨德权. 经济增长：过程及微观机理 ［M］. 北京：经济科学出版社，2005.

［32］杨德权，王佳. 解决线性规划系统识别问题的新方法 ［J］. 大连理工大学学报，2014，54（1）：139-146.

第二章 完全竞争市场与等效率原则

什么是好的经济制度，一个好的经济制度就是鼓励每个人去创造财富的制度。

——亚当·斯密

本书在第一章中发现并证明了等效率原则与三个公平公式的一致性，而且还找到了一些与等效率原则密切相关的前人的理论和公式，这些发现给笔者增添了信心。本章拟以等效率原则为参照，重新思考一些与市场交易相关的基本概念，然后用完全竞争市场短期和长期均衡的相关结论检验等效率原则。

第一节 公平交易的真相

一、等价交换的含义

风靡一时的日本漫画《钢之炼金术师：兄弟会》是原作《钢之炼金术师》漫画的第二次改编，原作由荒川弘所著。漫画讲述了两位年轻的炼金术士爱德华（Edward）和阿尔方斯（Alphonse）的故事，故事中充满了哲学思考。

当他们的母亲去世时，男孩们试图通过人类转化来让她起死回生，这是炼金术中的一种禁忌技术。这两个男孩为他们的行为付出了可怕的代价：爱德华失去了他的腿，阿尔方斯失去了他的肉体。幸运的是，爱德华能够通过放弃自己的手臂将阿尔方斯的灵魂移植到一套盔甲中，使他们成为一对残疾的金属人。故事讲述了男孩们获得点金石的旅程，这将绕过炼金术的限制，让阿尔方斯找回自己的身体。漫画中有许多驱动大部分情节的哲学主题，其中包括点金石、人造人和炼金术等。其中"等价交换法则"已经被城市词典①收录。

兄弟情谊围绕一个普遍原则，即"等价交换法则"。阿尔方斯对该法律的定义是如果不先给予回报，人类就无法获得任何东西。要获得，必须失去等价值的东西，这可以与能量守恒的科学原理相比较。能量不会消失，而是转化为其他能量。"等价交换法则"可以被视为一种看待生活的哲学。如果不放弃某些东西，无论是时间、金钱还是健康，什么都无法实现。这实际上是产出/投入等于1，也即效率的概念。

1. 等价交换中的"价值"

到目前为止，人类社会主要有两种价值理论：劳动价值论和效用价值论。劳动价值论的思想最早可以追溯到威廉·配第（1623—1687年）和约翰·洛克（1632—1704年），正式提出劳动价值论的则是大卫·李嘉图（1772—1823年）。洛克认为，凡是对资源施加了劳动并使其价值增加的人对其劳动成果当然地享有某种自然权利，而且国家有义务尊重和保护这一自然权利并授予其正当性。所以只要他使任何东西脱离自然所提供的和那个东西所处的状态，就已经掺入了他的劳动，在这上面掺加他自己所有的某些东西，因而使其成为他的财产。这与前述漫画中的等价交换法则是完全一致的。

李嘉图是犹太人，12岁到当时最发达的国家荷兰留学，两年后回国，跟随父亲成了一名证券经纪人。后因婚姻和配偶宗教信仰问题与父亲决裂，开始自己创业。25岁创业成功，积累了大约200万英镑的财富。有钱以后，开启了他的经济学研究。② 1817年，李嘉图发表了他的代表作《政治经济学及赋税原理》，全面阐述了他的经济思想。李嘉图继承了斯密的劳动价值学说，认为劳动时间是衡量商品价值的尺度。不过李嘉图觉得斯密的研究还不够深入，于是他开始细化斯密的研究：把劳动分成复杂劳动和简单劳动、直接劳动和间接劳动，并提出了生产力、劳动价值和剩余价值等概念。李嘉图认为只有直接劳动创造价值，复杂劳动比简单劳动创造的价值更大。李嘉图与功利主义者约翰·穆勒等人关系密切，因此在价值观上也受到了功利主义的影响，从而对自己的理论产生了怀疑。他曾

---

① Urban Dictionary（译为"市井词典"或"城市词典"）是一个解释英语俚语词汇的在线词典。
② 在研究经济学之前，曾研究自然科学，但时间很短。

举例说明劳动价值论的不足：劳动价值 2 先令的酒存放 4 年，升值到 100 镑。存放过程中，工人的劳动价值以及酒的使用价值完全没变，因此劳动价值论不能充分解释酒的升值原因。李嘉图提出的劳动时间决定商品价值的观点，后来成为马克思价值理论的基础。

效用价值论思想可以追溯到英国经济学家尼古拉斯·巴本（1640—1698 年）和约翰·罗（1671—1729 年）。约翰·罗在其著作《论货币和贸易》中认为商品因为被使用而有价值。商品价值的大小取决于相对于需求的商品数量的多寡。约翰·罗的效用价值论是效用论和供求论的混合物，是后来的效用价值论的源头。法国经济学家让·巴蒂斯特·萨伊（1767—1832 年）与李嘉图是同时代的人，但他们对斯密学说的态度截然不同。斯密认为商品的价值是由劳动创造的，价格与交换中能换到的等量劳动有关；萨伊选择了从交换角度分析商品的价值，他认为，效用是商品价值的基础，生产不是创造新物质，而是创造新的效用。效用是由土地、劳动和资本等生产要素共同创造的，因此三种要素都应该得到相应的报酬：地租、工资和利息。萨伊还提出了后来被称为"萨伊定律"的著名命题：供给创造其自身的需求。效用价值论认为，商品之所以有价值，是因为它们能够满足人的需求，给消费者带来满意的心理感受。为了度量这些心理感受，人们不但提出了序数效用和基数效用，而且设计出效用函数来描述消费者的感受。在效用理论研究中，先后出现了一些不可能和悖论。首先是阿罗不可能定理，阿罗不可能定理简单说就是不能从个人的偏好推出集体的总偏好。莫里斯·阿莱则通过阿莱悖论，说明了期望效用的不可靠性。尽管后来阿马蒂亚·森通过放宽相关假定，对阿罗不可能定理做了一些修正，但总体上说效用价值论仍然存在难以克服的障碍。至今一些经济学家仍然坚持认为效用只能排序，不能用基数测度，也不能人际比较（黄有光，2007）。

2. 公平交易中"公平"的含义

笔者认为，劳动价值论的主要贡献是指出了投入和价值的关系。实际上投入除了劳动，还有资本、土地、技术、企业家才能等诸多生产要素，而能够反映投入多寡最直接的变量就是商品和服务的成本。

效用价值论的主要贡献在于指出了价值与商品本身以及消费者的感受等产出因素相关，因此评价商品和服务不能像劳动价值论那样只看投入，因为同样的投入不一定有同样的产出，因此还必须看产出（商品或服务的数量和质量），能够反映商品和服务数量、质量的变量则是价格。

假定某商品或服务 i 的定价为 p_i，成本为 c_i，则 $\theta_i^p = p_i/c_i (i=1, \cdots, n)$ 为厂商的生产效率。此处卖家的报价可参照拍卖理论中拍卖方的报价和保留价格（成本），两者之差就是生产者剩余。

假定消费者对商品 j 的估值为 v_j，购买价格即厂商报价 p_j，则消费者对该商品的消费效率 $\theta_j^c = v_j/p_j (j=1, \cdots, m)$。买家的购买行为可参照拍卖理论中的竞标者，如果商品或服务的价格不大于自己的估值（觉得值）就会购买，估值和购买价格差就是消费者剩余。

如果买卖是公平的，那么根据公平理论应该有消费者和厂商的效率相等，即 $\theta^p = \theta^c$。因此，所谓等价交换的真实含义应该是等效率交易。这样一来，效率就成了衡量商品和服务价值的尺度，这应该是劳动价值论和效用价值论之外的第三个尺度。根据等效率意味着公平的结论，按照效率价值交换是真正意义上的公平交易。

从理论上说效率价值论兼顾了劳动价值论重视投入和效用价值论重视产出的优点，同时也与第一章中介绍过的拍卖理论通过比较估值与报价发现拍品价值，以及用托宾 Q 评估企业价值等理论逻辑一致。

效率作为价值的尺度是符合生活常识的。消费者购买商品的时候，从来不是只看价格，而是要看性价比。商品或服务的质量和性能优劣在很大程度上取决于成本的大小，因此所谓性价比，本质上就是消费者购买某种商品时的消费效率 $\theta^c = v/p$。对该商品的估值 v，就是根据商品质量和性能做出的评价。

熟悉经济学的人大概都听说过一个悖论：沙漠里的一瓶水，价值可能高过钻石。这个所谓的悖论，如果用效率价值论衡量，根本不是悖论。在经济学中有个假定，生命价值是无穷大。一瓶水可以挽救生命，尽管一瓶水很便宜，但它的收益是生命，是无穷大，因此水的消费效率（收益/成本）是无穷大；一颗钻石的价格最多是一个很大的正数，但如果为此失去生命，意味着成本是无穷大，消费效率等于 0，因此毫无价值。

二、"看不见的手"的等效率原则解释

亚当·斯密（1723—1790 年）是经济学的主要创立者，出生在英国苏格兰法夫郡。在格拉斯哥大学时期，亚当·斯密完成了拉丁语、希腊语、数学和伦理学等课程；1740~1746 年，他赴牛津学院求学，但在牛津并未获得良好的教育，唯一收获是阅读了许多格拉斯哥大学缺乏的书籍。1750 年以后，斯密在格拉斯

哥大学不仅担任过逻辑学和道德哲学教授，还同时兼职负责学校行政事务，一直到 1764 年离开。这时期，他于 1759 年出版的《道德情操论》获得了学术界的极高评价。1773 年，《国富论》已基本完成，但斯密花了三年时间润色此书。1776 年 3 月此书出版后引起大众广泛的讨论，影响所及除了英国本国，连欧洲大陆和美洲也为之震撼，因此世人尊称亚当·斯密为"现代经济学之父"和"自由企业的守护神"。

"看不见的手"到底是什么含义？按照格兰普（Grampp，2000）的考证，斯密自己就曾经在《道德情操论》《国富论》《论天文学》中多次使用"看不见的手（或物）"这个词，每次的含义都不尽相同。即使是在《国富论》中，含义也很模糊。以至于有人曾引用《国富论》为政府干预辩护。这与"看不见的手"是价格机制，或者"看不见的手"是自发秩序，又或者"看不见的手"是通过自由竞争实现资源的最优配置之类的理解完全大相径庭。按照格兰普的考证，1776 年以来，关于"看不见的手"的解释至少有九个版本，但遗憾的是无法肯定哪个版本更符合斯密的原意。既然无法知道斯密"看不见的手"的确切含义，那么有依据的推测，应该是一个合理的选项。以下笔者将给出一个基于等效率原则的解释。若能自圆其说，应该可以算第十个版本的解释了。

1. 底层逻辑：人性假定——追求效率是人的本性

第一，《道德情操论》中的人性假定。《道德情操论》是斯密于 1759 年出版的著作。在这本书中，斯密用同情心解释了正义、仁慈、谨慎等一切道德情操的来源，并提出了具有普遍意义的道德准则，这些道德准则是维系社会存在和发展的基础。斯密认为一个人能把别人的不幸当成自己的不幸，把别人的幸福当成自己的幸福，这就是同情心。同情心是与生俱来的，我们发现无论某人如何自私，他总是会对别人的命运感兴趣，会去关心别人的幸福。

合宜性是说当旁观者的同情心与当事人的情绪一致的时候，这种情绪就是得当的。斯密认为合宜性能产生仁慈和尊贵的美德，旁观者用心去体谅当事人，那么旁观者就拥有了温文尔雅并且和蔼可亲的品德。与个人特质相关的合宜性是人类美德的根源。

同情心衍生出了正义、仁慈和谨慎，正义和仁慈关注他人，谨慎则关注自己。出于对他人幸福的关心，我们形成正义和仁慈的美德；出于对自身幸福的关心，我们怀有谨慎的美德。谨慎让我们自我克制，从而免受伤害和痛苦，而正义和仁慈让我们为他人谋得幸福。斯密的道德学说受到了他的老师——18 世纪苏格兰启蒙运动的奠基人、哲学家弗兰西斯·哈奇森①和他的好友大卫·休谟的影响。休谟的《人性论》对斯密有重要影响，同情论是休谟在《人性论》中首次提出的伦理学说，而同情论正是《道德情操论》的基础。

第二，《国富论》中的人性假定。在《国富论》中，斯密提出了人性自利论。斯密认为，市场参与者并不需要关心社会福利，他也不知道怎么去提高社会福利，只要追求自己的福利就可以了。他在追求自己福利的过程中，会有一只"看不见的手"，让他的努力转变成对公共福利的推动力，于是每个自利的人追求自身福利的结果自然会改进公共福利，而公共福利根本不需个人额外的关心。

第三，人性自利论的讨论。什么是自利？从经济学的角度看，就是消费者追求效用最大化，而生产者追求利润最大化。要实现这两个最大化，唯一的条件就是要少投入、多产出，也就是追求最大效率。因此从一定意义上说，追求效率也是人的本性。人在自由状态下，对于得到的热情总会大于付出。从这个角度看，好逸恶劳与其说是人的缺点，不如说是人的本性。勤劳一般是指大量而又持久的劳动投入，而投入的目的是产出，因此如果勤劳没有产出，这种勤劳就不能算美德。这也能解释，为什么对低收入的工作人们普遍缺乏热情。事实上，仅靠持续增加投入来增加产出是很困难的（因为边际收益递减），因此人们更注重如何在既定投入下获得最大的产出（这可以解释为什么人们总是把资源利用到极致，因为资源是有限的）或者在产出固定时，争取投入最小。

2. 经济利润来源：不公平②交易（效率差）

市场交易名义上是等价值，而实际上是等价格交换。价格相同的两种东西，价值经常会相去甚远。

举个普通的例子，假设菜市场上有两个人，A 卖豆腐，B 卖蔬菜。假设卖豆腐的人每投入 1 元，能赚 1.5 元，即生产效率是 1.5；卖蔬菜的人每投入 1 元能卖出 1.3 元。晚上收摊后，双方各自买了对方 10 元的东西。相当于 A 用 10 元的豆腐换了 B 10 元的蔬菜。

在这次交换中，双方按市价"公平交易"，看来谁也没吃亏，但是 10 元的豆腐成本只有 5 元，而 10 元的蔬菜成本则是 7 元。相当于卖豆腐的人用 5 元换了

① 弗兰西斯·哈奇森（1694—1746 年），18 世纪苏格兰启蒙运动的奠基人，被称为"苏格兰哲学之父"。

② 这里的不公平是亚里士多德意义上的公平，不是指法律意义上的不公平。

卖蔬菜人的 7 元。这个隐藏在"公平交易"表面下的 2 元成本差，英文叫 Appropriation①，中文意思是拨款或补贴，听上去还很形象。"公平交易"的两个商户，效率低的人在给效率高的人拨款或补贴。

与此例类似，假设 A 国出口商品利润率为 50%，而 B 国出口商品利润率只有 10%；A 国向 B 国出口总额为 1500 亿美元，B 国向 A 国出口总额为 7000 亿美元。在两国贸易额对等的 1500 亿美元中，B 国向 A 国的拨款是 1500×（1.5 - 1.1）= 600 亿美元。A 国的贸易盈余是 B 国拨款 600 亿美元（A 国对等贸易利润 750 亿美元减去 B 国对等贸易利润 150 亿美元等于 600 亿美元，相当于 B 国没赚到钱白送 A 国 600 亿美元，所以叫拨款）。在剩余的 B 国对 A 国的 5500 亿美元（7000 亿美元减去 1500 亿美元）顺差中，B 国的出口利润是 550 亿美元，两国贸易盈余基本平衡。从上面的算例可以得到以下命题：

命题 1：拨款额＝效率差×对等交易额。

市场上每天都有大量的这种交易，事实上，人们正是利用效率差来赚取经济利润的，效率差也就是阿莱所说的可分配剩余②，消除效率差就是帕累托改进。当市场上的效率差消失的时候，就达到了均衡，人们只能赚取正常利润。有效率差就是效率不等，考虑到等效率意味着公平，那么有效率差就意味着不公平，因此利用效率差赚钱也就是靠不公平交易赚钱。

3. 追求效率差的结果：忍受正常利润（均衡）或者创新

正因为依靠效率差可以赚钱，所以市场中所有的人都在努力提高自己的效率，这当然是自利行为。但这种自利行为可以很快消除效率差，推动市场实现帕累托最优或者说是均衡。因为一旦有较高的经济利润，就会有大量的竞争者进入、模仿，最终导致效率差消失，经济利润趋近于 0，市场就会趋向均衡。③

提高效率有提高价格和降低成本两条途径，由于存在大量竞争者，因此提高价格是困难的。相比之下，降低成本更容易一些，因为降低成本的信息在某种程度上说具有隐蔽性。如果监管不够严格，造假也会成为降低成本的选项。众多企业追求效率差的结果就是效率差消失，因为所有可以降低成本、提高价格的合法手段都用尽了。不断缩小效率差就是帕累托改进，也就是公共福利的改善。

---

① 充分拨款的早期例证是 Anderson（1775）对土地租金的确定。
② 阿莱可分配剩余的相关内容参见第四章。
③ 熊彼特认为研究、开发和创新都是由那些获得经济利润的公司进行的，从长远来看，这使得完全竞争的效率低于不完全竞争。

当经济利润消失的时候，如果再想提高效率，那就需要创新了。按照熊彼特的总结，创新有五种形式：创造一种新产品；采用一种新的生产方法；开辟一个新市场；找到新的原材料来源；采用一种新的生产组织形式。后人把这五种形式依次归纳为产品创新、技术创新、市场创新、资源配置创新和组织创新。这五种创新都能提高企业的效率，进而带来效率差和经济利润。不断提高效率的创新也是对社会福利改善的推动力量。

以上针对"看不见的手"给出了一种基于等效率原则的解释。这是一个三段论式的逻辑模型：第一阶段，人们因为自利本性追求效率；第二阶段，企业靠效率差赚取经济利润；第三阶段，追求效率差导致经济利润消失（帕累托最优和均衡），人们或者忍受正常利润或者通过创新提高效率来创造经济利润①，无论是均衡还是创新都会推动公共福利改善。

4. 追求效率差的几个例证

第一，波特的三大竞争战略都在关注效率。迈克尔·波特于1947年生于美国密歇根州安娜堡，是美国著名管理学家，企业经营策略和竞争力的权威，26岁成为哈佛商学院教授，是哈佛历史上最年轻的教授，曾任美国里根政府"产业竞争力委员会"委员。迈克尔·波特因在其著作《竞争战略》中提出"五力模型"和"三大竞争战略"而著名。三大竞争战略是指总成本领先战略、差异化战略和专业化战略。仔细分析他所讨论的各种竞争战略，可以发现：在波特的三大竞争战略中，本质上都是在努力提高效率差。

总成本领先战略：本质上是想通过降低成本来增加利润空间，也就是通过降低成本提高效率。

差异化战略：通过品牌战略等手段减少替代品，获取竞争优势。这样做成本会增加，因此也必然造成价格上涨。战略是否成功取决于企业效率是否提高。差异化的本质就是要创造效率差。

专业化战略：专业化是提高企业效率的最好途径，亚当·斯密曾通过制针厂的例子，来说明专业化带来的效率提高。企业采用专业化战略，就是想提高效率。总而言之，三种战略都是既关注成本，又关注价格，实际上关注的就是效率。竞争从来都不是简单的价格竞争，而是效率竞争。用一位销售总监的话说："消费者只关心价格是因为你没有告诉他们成本。"

---

① 参考福利经济学的两个定理。

第二，四种经典拍卖方式（英式、荷兰式、密封最高价、密封次高价）都在比较效率。由于在第一章中已经介绍过拍卖理论的相关内容，相关公式和符号的经济意义与第一章相同，此处不再赘述，直接从重要的收益等价定理开始讨论。由第一章式（1-45）可知卖方的报价：

$$B(v) = v - \frac{\int_{\underline{v}}^{v} F^{n-1}(t)\, dt}{F^{n-1}(v)}, \ v \in [\underline{v}, \overline{v}] \tag{2-1}$$

卖方的平均收益：

$$E[B(v^{(1)})] = \int_{\underline{v}}^{\overline{v}} I(v)\, dF^n(v) \tag{2-2}$$

拍卖的效率：

$$\theta = \frac{v}{B(v)} = 1 - \frac{\int_{\underline{v}}^{v} F^{n-1}(t)\, dt}{B(v) F^{n-1}(v)} \tag{2-3}$$

只要四种拍卖方式的保留价格相同，那么四种拍卖方式中，卖方的期望收益如式（2-2）所示，都是相同的。如果卖方采用保留价 $v=\underline{v}$，那么四种拍卖方式都能有效配置资源。因为当 $v=\underline{v}$ 时，式（2-3）最后一项的分子等于 0，也就是 $\theta=1$，这与等效率原则是一致的，说明四种拍卖方式实际上都在比较效率。

第三，熊彼特的五种创新方式都在提高效率。为了说明这一点，可以借助一个线性规划问题的逆问题来理解。假定有一个企业计划用 m 种资源生产 n 种产品。资源 $i(i=1, \cdots, m)$ 的供给量上限为 b_i，产品 $j(j=1, \cdots, n)$ 的产量为 x_j，价格为 c_j。假设现在要求产出 z 最大的生产方案，此问题可表达为以下的线性规划模型：

$$\max z = \sum_{j=1}^{n} c_j x_j$$

$$\text{s. t.} \begin{cases} \sum_{j=1}^{n} a_{ij} x_j \leqslant b_i \\ x_j \geqslant 0 \end{cases} \tag{2-4}$$

现在假设求解该模型得到了最优解 $\boldsymbol{x}^*$ 和最优值 z^*，但厂商对这个产出最大值带来的利润并不满意，现在想在 z^* 的基础上增加 Δz，让产出最大值变成 $z^* + \Delta z$，请问该如何创新？这个问题可以通过熊彼特的五种创新方式来实现。

①开发新产品：就是增加模型（2-4）中决策变量（产品）的个数，这将引

起目标函数和约束条件的同时变化，如果新产品需要新资源，那么约束条件也将发生变化；②采用新技术：将引起技术系数 a_{ij} 的改变；③开辟新市场：将引起价值系数 c_j 的改变；④寻找新的原材料来源：将改变资源的供给量 b_i；⑤采用新的工业组织将引起模型的总体变化。

线性规划模型这种与熊彼特五种创新形式一一对应的联系，使得人们可以利用这一特点寻找定量的企业创新方案。以下通过一个简单的算例加以说明。

假设某企业寻求最大产出方案的线性规划模型如下：

$$\max z = 2x_1 + x_2$$

$$\text{s. t.} \begin{cases} 5x_2 \leqslant 15 \\ 6x_1 + 2x_2 \leqslant 24 \\ x_1 + x_2 \leqslant 5 \\ x_1, \ x_2 \geqslant 0 \end{cases} \tag{2-5}$$

该模型的最优解 $\boldsymbol{x}^* = [3.5, \ 1.5]'$，最优值 $z^* = 8.5$。现在假设厂方想要增加最大产出 $\Delta z = 1$，使模型（2-5）的最优值 $z^* = 9.5$，该如何创新？

首先，最容易的创新就是涨价，第一种产品的价格涨 0.2857 或者第二种的产品价格涨 0.6667，都能实现这个目标，这就是市场创新的量化方案。当然，还可以通过两种产品的价格组合来实现总产值增加 1 的目标。

其次，还可以通过技术创新，如将技术系数 a_{21} 减少 0.8889，也能实现同样的目标。

最后，还可以通过资源创新，将资源 b_2 的供给量增加 4，也可以实现同样的目标。①

考虑到对偶定理（产出最大化/成本最小化），增加线性规划模型产出的最大值，本质上就是在提高产出效率，因此可以说熊彼特的五种创新方式都是在提高产出效率。

第二节　古诺-伯特兰德悖论与市场结构

古诺-伯特兰德悖论是说，伯特兰德均衡是只有两个企业的竞争结果，竟然

---

① 这部分内容与线性规划的逆问题——逆优化有关。

与完全竞争时的结果相同，这与完全竞争市场中市场参与者人数众多的假定不一致，因此被称为古诺-伯特兰德悖论。这个悖论在一定程度上引起了人们对以参与者人数区分市场结构的做法的怀疑。

一、古诺-伯特兰德悖论

1. 古诺模型

安东尼·奥古斯丁·古诺[①]（1801—1877 年）是法国数学家、哲学家和经济学家，提出了双寡头模型。模型及求解过程大致（不是原版）如下：假定：①同一市场上企业 1 与企业 2 所面临的市场环境一样；②假设两家企业生产规模相差不大；③没有其他企业的进入，也就是说，市场中总供给量等于两家企业之和：$q = q_1 + q_2$，同时市场需求曲线为 $p = a - bq$。企业的平均成本 $c_i = c$，$i = 1$，2。

企业 1 的利润函数：

$$\pi_1 = pq_1 = \left[a - b(q_1 + q_2) - c \right] q_1 = (a-c)q_1 - bq_1^2 - bq_1q_2 \tag{2-6}$$

式（2-6）的一阶条件：

$$\frac{\partial \pi_1}{\partial q_1} = (a-c) - 2bq_1 - bq_2 = 0 \tag{2-7}$$

解得企业 1 的反应函数：

$$q_1 = \frac{a-c}{2b} - \frac{q_2}{2} \tag{2-8}$$

同理，由企业 2 的利润函数 π_2 的一阶条件可得到：

$$q_2 = \frac{a-c}{2b} - \frac{q_1}{2} \tag{2-9}$$

式（2-8）与式（2-9）联立，解得：

$$q_1 = q_2 = \frac{1}{3}\frac{a-c}{b}, \quad q = \frac{2}{3}\frac{a-c}{b} \tag{2-10}$$

两家企业的反应函数曲线如图 2-1 所示。

图 2-1 中，E_N 是纳什均衡点，E_S 是斯塔克尔伯格均衡点，E_C 是双寡头勾结时的均衡点，E_G 是一般均衡，也是伯特兰德均衡点。

---

① 也有译为安东尼·奥古斯丹·古诺。

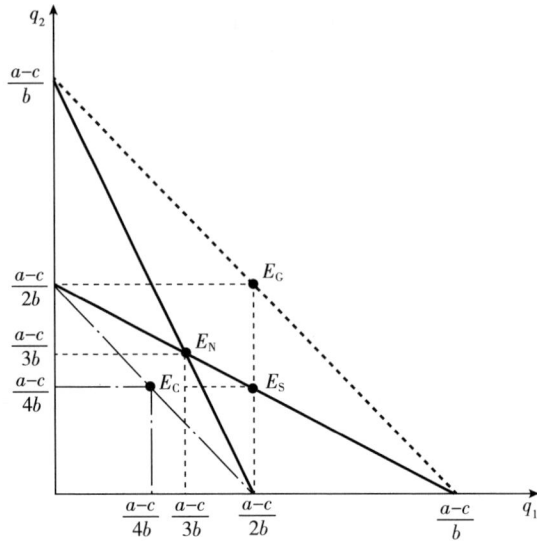

图 2-1 古诺模型的反应函数及古诺-纳什均衡点

资料来源：笔者自绘。

两家企业的利润均为：

$$\pi = \frac{(a-c)^2}{9b} \qquad (2-11)$$

总利润是两企业利润之和。纳什均衡点即图 2-1 中两反应函数的交点 E_N。

两家企业的效率：$\theta_1 = \theta_2 = p/c$，而 $p = a - bq$，$q = \frac{2}{3}(a-c)/b$，由此可求得古诺-纳什均衡中两家寡头企业的效率为：

$$\theta_1 = \theta_2 = (a+2c)/3 \qquad (2-12)$$

式（2-12）表明：等效率原则在寡头市场中也是成立的，只是经济效率不再等于 1。

2. 伯特兰德模型

约瑟夫·路易·弗朗索瓦·伯特兰德（1822—1900 年）是法国数学家、经济学家、科学史学家。1883 年伯特兰德对古诺的结果提出了质疑，认为即使市场上只有两家企业，一样可以实现充分竞争，产品价格等于成本，经济利润为 0。这就是所谓的伯特兰德悖论。

伯特兰德模型假定两个厂商的产品为替代品，如果有一家企业价格低，该企业就会占领全部市场；如果两家企业价格相同则平分市场。于是企业 i 的需求函数可以表示为：

$$Q_i(p_i, p_j) = \begin{cases} Q(p_i), & \text{if} \quad p_i < p_j \\ \dfrac{1}{2}Q(p_i), & \text{if} \quad p_i = p_j \\ 0, & \text{if} \quad p_i > p_j \end{cases} \qquad (2\text{-}13)$$

两家企业通过价格竞争争取市场份额，当两家企业价格相等且等于成本时，就实现了伯特兰德均衡。

其实这个结果也可以通过假定两家企业经济利润为 0，很容易地求出来。因为两家企业的产量不再相关，所以可直接通过等效率原则求出。假定两家企业的效率相等且等于 1：

$$\theta_1 = \theta_2 = \frac{p}{c} = \frac{a - b(q_1 + q_2)}{c} = 1 \qquad (2\text{-}14)$$

由式（2-14）整理得：

$$q_1 + q_2 = \frac{a - c}{b} \qquad (2\text{-}15)$$

考虑两家企业的对称性，应有 $q_1 = q_2$，故有：

$$q_1 = q_2 = \frac{a - c}{2b}, \quad q = \frac{a - c}{b} \qquad (2\text{-}16)$$

两家企业产品价格：

$$p = a - bq = c \qquad (2\text{-}17)$$

3. 由古诺和伯特兰德模型看纳什均衡与一般均衡的区别

古诺模型的解也是纳什均衡解，在古诺模型中，厂商的经济效率不等于 1，但两个厂商的博弈效率仍然为 1。因为博弈效率的定义是局中人所用策略的收益与其机会成本之比。在博弈均衡中，局中人之所以不改变策略，是因为当前策略的收益等于改变策略的机会成本，也就是博弈效率为 1。在古诺模型中，两个寡头的产量和价格一样，收益相同，因此博弈的效率为 1。经济效率则如式（2-12）所示。

伯特兰德均衡也是纳什均衡，因此其博弈效率也应该为 1，事实上，两个厂商利润相同，这就意味着博弈效率为 1。与古诺模型不同的是伯特兰德均衡的经济效率也为 1，这是因为伯特兰德均衡如同完全竞争市场均衡一样，产品的价格等于成本，因此经济效率也是1。

4. 由古诺模型到完全竞争

考虑 N 个寡头的古诺模型，每个厂商 i 的产量为 q_i。设反需求函数：

$$p = a - b\sum_{i=1}^{n} q_i \qquad (2-18)$$

设每个厂商成本为 cq_i，其中满足 $c<a$。则可以列出 i 的利润函数：

$$\pi_i = q_i\left(a - b\sum_{i=1}^{n} q_i - cq_i\right) \qquad (2-19)$$

求利润函数的一阶条件：

$$\frac{\partial \pi_i}{\partial q_i} = 0 (i=1, \cdots, n) \qquad (2-20)$$

解得厂商 i 的均衡产量：

$$q_i^* = \frac{1}{n+1}(a-c)/b \qquad (2-21)$$

$$q^* = \frac{n}{n+1}(a-c)/b \qquad (2-22)$$

厂商 i 的利润：

$$\pi_i^* = \frac{(a-c)^2}{(n+1)^2 b} \quad (i=1, \cdots, n) \qquad (2-23)$$

厂商 i 的效率：

$$\theta_i = \frac{a+nc}{n+1} \quad (i=1, \cdots, n) \qquad (2-24)$$

当 $n\to\infty$ 时，所有厂商经济利润为 0，效率为 1，类似于完全竞争市场。古诺模型中厂商数量趋向无穷可以看作完全竞争市场，但伯特兰德模型中只有两个厂商，竟然有完全竞争市场一样的结果，这与现有完全竞争市场理论不一致，因此这个现象被称为古诺-伯特兰德悖论。

关于这个悖论人们有很多解释（Kreps and Scheinkman，1983），不过目前尚未形成一致意见。其实，有一个简单的解决方法：不再把参与竞争的厂商数量作为区分市场结构的标准，毕竟伯特兰德模型中两个厂商也可以得到与完全竞争一样的结果。那么如果不以竞争者人数为区分标准，应该用什么标准区分呢？

二、以效率区分市场结构的可行性

以效率为市场结构划分标准的可行理由如下：

第一，可以解决古诺-伯特兰德悖论。市场人数不再作为充分竞争的标准，那么就不会因为两个模型中参与竞争人数的巨大差异感到困惑了。

第二，以效率为标准区分市场类型的思路是根据企业效率确定企业盈利状况，进而确定企业所在的市场类型。企业的效率有三种情况，分别是效率小于1、等于1、大于1，参见本章图2-2。效率小于1的企业是亏损但价格还不低于关门点的企业；效率等于1的企业经济利润为0，处在竞争充分市场；效率大于1的企业有经济利润，具有某种垄断优势。

第三，以效率为标准反垄断。对各类企业的效率进行分析，就可以发现效率特别低和特别高的企业。对效率特别高的企业，可以进行反垄断调查。

第四，市场结构区分标准从企业数量多寡转变为效率大小，实际上是判断标准从企业的数量[1]转向质量。

第五，完全竞争市场的根本特征就是经济利润为0，或者效率为1，因此采用等效率原则区分市场结构是可行的。

第三节　完全竞争市场的效率与均衡

完全竞争，通常是指下列条件占主导地位的市场状况，即市场上存在大量的具有合理的经济行为的卖者和买者；产品是同质的，可互相替代而无差别；生产要素在产业间自由流动，不存在进入或退出障碍；卖者或买者对市场都不具有支配力或特权；卖者和（或）买者间不存在共谋、暗中配合等行为；卖者和买者具有充分掌握市场信息的能力和条件，不存在不确定性和外部性。

一、完全竞争市场短期均衡的效率分析

1. 完全竞争市场的短期均衡和效率

图2-2为完全竞争市场中某厂商的短期均衡。

---

[1]　Harmattan L. Cahiers d'économie politique：Histoire de la pensée et théories ［EB/OL］. cahiersdecopo. fr, 2001-2023. 该文献中提到在阿罗-德布鲁的证明中，没有厂商数量相关的变量，即使有一个买家和一个卖家，模型依然成立。

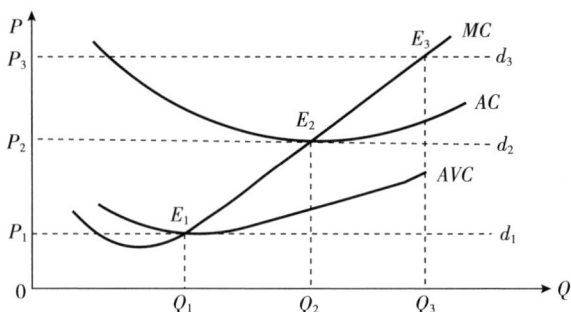

图 2-2　完全竞争市场中厂商的短期均衡

资料来源：笔者整理。

停止生产点的效率：在图 2-2 中，E_1 为停止生产点，在此点厂商的产品价格 P_1 等于平均可变成本，为 $AVC(Q_1)$。厂商在该点的生产效率：

$$\theta_1 = \frac{P(Q_1)}{AVC(Q_1)+AFC} = \frac{P(Q_1)}{P(Q_1)+AFC} < 1 \qquad (2-25)$$

θ_1 是个常数。此效率为全局最小点。如果企业的效率低于此值，就应该关门了。

盈亏平衡点的效率：在图 2-2 中，E_2 为盈亏平衡点，也是市场均衡点。在此点厂商的产品价格 P_2 等于平均成本，为 $AC(Q_2)$。厂商在该点的生产效率：

$$\theta_2 = \frac{P(Q_2)}{AC(Q_2)} = 1 \qquad (2-26)$$

θ_2 也是个常数。此效率为厂商生产最优点，也是市场短期均衡点。

盈亏平衡点之上的厂商效率：在图 2-2 中，E_3 为厂商经济利润大于 0 的点。在此点厂商的产品价格 P_3 等于平均可变成本，为 $MC(Q_3)$。厂商在该点的生产效率：

$$\theta_3 = \frac{P(Q_3)}{MC(Q_3)} > 1 \qquad (2-27)$$

在此点，厂商有超额利润，应该具有某种垄断优势。

2. 完全竞争市场中等产量线与对应的效率

图 2-3 为某厂商的等产量线，因为产量决定了效率，所以每条等产量线都对应唯一的效率。

在图 2-3 中，假设等产量曲线 Q_2 是盈亏平衡点产量，这个产量对应的企业生产效率是 1，因为与等产量曲线 Q_2 相切的预算线代表的总成本总是等于厂商在产量为 Q_2 时的总收益。同理可知，等产量曲线 Q_1 对应的效率小于 1，而 Q_3 对应的效率大于 1。

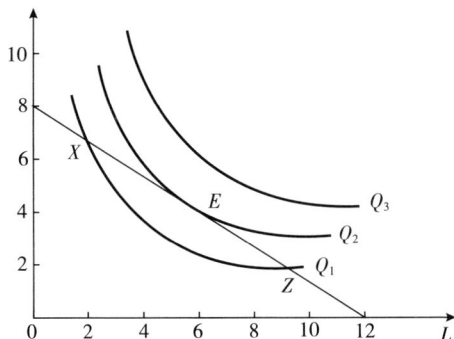

图 2-3 某厂商的等产量线

资料来源：笔者自绘。

二、完全竞争市场长期均衡的效率分析

1. 完全竞争市场长期均衡时的效率

因为完全竞争市场长期均衡时有 $p=c=MR=MC$，所以商品或服务的生产效率等于 1，即有：

$$\theta_i^p = \frac{p_i}{c_i} = 1 \quad (i = 1, \cdots, n) \tag{2-28}$$

这是显然的，因为完全竞争市场上厂商经济利润为 0，所以产出与投入之比，也就是效率为 1。如果去掉效率等于 1 这个结论，式（2-28）就是生产要素最优组合公式。

同理，完全竞争市场中，所有消费者的消费效率等于生产效率也等于 1，此时消费者剩余为 0，相当于荷兰式拍卖的胜出者，出价即估值。因此有：

$$\theta_j^c = \frac{v_j}{p_j} = 1 \quad (j = 1, \cdots, m) \tag{2-29}$$

式（2-29）相当于消费者最优条件，只不过这里没有边际效用，而是把消费者的购买行为类比为拍卖中的竞标者，因为商品价格是给定的，所以消费者只能给出他自己的估价，以获得最大的消费者剩余(v_i-p_i)。式（2-28）和式（2-29）表明：所有市场参与者效率都相等且等于 1 是完全竞争市场长期均衡的充分条件。

命题 2：所有市场参与者的效率均为 1，是完全竞争市场长期均衡的充要条件。

当消费者 j 购买商品 i 时有 $\dfrac{p_i}{c_i}=\dfrac{v_j}{p_j}$，此时 $p_i=p_j$ 等于成交价格 p_d，因此有 $p_d=\sqrt{c_i v_j}=c_i=v_j$（因为 $c_i=v_j$），即成交价是厂商成本（相当于拍卖商的保留价格）和消费者估值的几何平均值。

2. 帕累托最优时的效率

对于任意厂商 l，$k\in\{1,\cdots,n\}$ 均有：

边际技术替代率 $MTRS_{lk}=\dfrac{p_l}{p_k}=\dfrac{c_l}{c_k}=1$

对于任意消费者 s，$t\in\{1,\cdots,m\}$ 均有：

边际替代率 $MRS_{st}=\dfrac{MU_s}{MU_t}=\dfrac{p_s}{p_t}=\dfrac{v_s}{v_t}=1$

$MTSR_{lk}=MRS_{st}\,\forall l$，$k\in\{1,\cdots,n\}$，$\forall s$，$t\in\{1,\cdots,m\}$。

对边际技术替代率和边际替代率公式应用更比定理，可以得到：帕累托最优的效率条件是所有商品的生产和消费效率都相等且为 1。

3. 完全竞争市场均衡时的商品和要素价格

对于任意厂商 l，$k\in\{1,\cdots,n\}$ 均有：

满足生产者均衡条件：$\theta^p=\dfrac{p_l}{c_l}=\dfrac{p_k}{c_k}=\dfrac{MR_l}{MC_l}=\dfrac{MR_k}{MC_k}=1$

对于任意消费者 s，$t\in\{1,\cdots,m\}$ 均有：

满足消费者均衡条件：$\theta^c=\dfrac{MU_s}{p_s}=\dfrac{MU_t}{p_t}=1$

生产者和消费者同时均衡，且效率一致。效率都相等：$\theta_l^p=\theta_s^c=1$，$\forall l\in\{1,\cdots,n\}$，$\forall s\in\{1,\cdots,m\}$。若假定生产函数为零度齐次函数，则得到命题 3：

命题 3：存在零度齐次生产函数时，完全竞争市场所有商品和要素的价格都相等且等于 1。

在未引入等效率原则的时候，人们只知道均衡时商品和要素的价格相等，不知道商品和要素的价格等于1。这个结论对于瓦尔拉斯方程的求解和一般均衡的证明具有重要意义。

4. 完全竞争市场均衡时的效率算例

算例：消费者 $i=1$，2；消费两种商品 x_i^1，x_i^2；禀赋为 ω_i^1，ω_i^2。效用函数为柯布-道格拉斯生产函数：

$u_1(x_1^1，x_1^2) = (x_1^1)^\alpha (x_1^2)^{1-\alpha}$ 和 $u_2(x_2^1，x_2^2) = (x_2^1)^b (x_2^2)^{1-b}$，$0<a$，$b<1$。

两个消费者都追求效用最大化，于是有以下两个最大化问题：

$$\max u_1(x_1^1，x_1^2) = (x_1^1)^\alpha (x_1^2)^{1-\alpha} \quad 和 \quad \max u_2(x_2^1，x_2^2) = (x_2^1)^\alpha (x_2^2)^{1-\alpha}$$

$$s.t. \ p_1 x_1^1 + p_2 x_1^2 \leqslant p_1 \omega_1^1 + p_2 \omega_1^2 \qquad s.t. \ p_1 x_2^1 + p_2 x_2^2 \leqslant p_1 \omega_2^1 + p_2 \omega_2^2$$

求解两个最优化模型得：

$$x_1^1 = \frac{a}{p_1}(p_1\omega_1^1 + p_2\omega_1^2)，\quad x_1^2 = \frac{1-a}{p_2}(p_1\omega_1^1 + p_2\omega_1^2)$$

$$x_2^1 = \frac{b}{p_1}(p_1\omega_2^1 + p_2\omega_2^2)，\quad x_2^2 = \frac{1-b}{p_2}(p_1\omega_2^1 + p_2\omega_2^2)$$

又因为必须满足实物恒等式，所以有：

$$x_1^1 + x_2^1 = \omega_1^1 + \omega_2^1，\quad x_1^2 + x_2^2 = \omega_1^2 + \omega_2^2$$

解得：

$$\frac{p_1}{p_2} = \frac{a\omega_1^2 + b\omega_2^2}{(1-a)\omega_1^1 + (1-b)\omega_2^1} \tag{2-30}$$

结果讨论：

第一，由式（2-30）可知，消费者最优条件只与相对价格（价格比）有关，而与绝对价格无关。

第二，完全竞争市场中，所有产品价格都相等，因此式（2-30）的值为1。这个结果与第一章中得到的完全竞争市场均衡时，所有商品价格为1的结论是一致的。

第三，若式（2-30）的值不等于1时，则不能满足任意两种商品边际替代率相等的要求，因此不是帕累托最优。此时虽然两位消费者都实现了效用最大化，但他们的最大效用值不相等。

第四，当 $p_1 = p_2 = 1$ 时，有：

$$x_1 + x_2 = \omega_1 + \omega_2 \tag{2-31}$$

式（2-31）就是瓦尔拉斯模型中的实物方程，考虑到价格等于1，该式也表示了超额需求等于 0。[①]

三、应用效率区分市场类型的优势

在本章曾提出以市场效率是否为 1 来区分市场结构并给出了一些理由，现在可以分析一下这种划分方法的优势。

1. 最低工资率确定方法

根据第一章的命题 1，存在零度齐次生产函数时，效率 θ 等于生产要素价格。又根据图 2-2，E_1 点的效率为全局最小效率点，因此该点效率就决定了全局最低工资率。

因为 $\theta_1 = \dfrac{P_1}{AV_1} = \dfrac{P_1}{AVC_1 + AFC} = \dfrac{P_1}{P_1 + AFC} < 1$，尽管不公平（不等于 1），但它却是理论上的最低工资率。

2. 识别垄断企业

理论上，识别垄断可以有很多方法，如市场上同类企业的数量、勒纳指数、计算交叉弹性等。但根据图 2-2 可知，只要企业存在经济利润，就存在一定的垄断优势，因此可以通过计算企业的效率来识别垄断。

在实践中可以对企业的效率进行排序，正常情况下，当统计的企业数量足够多时，企业的效率应该大致服从正态分布。因此只要在一定范围之外，比如在 2σ 之外，就意味着一个企业的效率高出了 97.625% 的企业，一定存在垄断。

3. 识别效率瓶颈

在一定意义上，经济发展和技术进步的过程，也是淘汰效率落后企业的过程。那些效率最低的企业构成了提高总体经济效率的瓶颈，因而必须消除。同样采用效率统计分布的方法也可以发现：若一个企业的效率在 -2σ 之外，那么该企业的效率低于 97.625% 的企业，无疑是需要消除的效率瓶颈。

4. 剩余价值的一个可能来源

在非完全竞争条件下，资本使用效率和劳动使用效率不等于利率和工资率。假定 ω_L 和 ω_K 分别为劳动力和资本的报酬，那么应有：

$$\omega_L = \lambda\theta_L, \quad \omega_K = \lambda\theta_K (\lambda, \gamma \geq 1)$$

---

① 此结果也会在第三章的瓦尔拉斯均衡和阿罗-德布鲁证明，以及第五章的冯·诺依曼的一般均衡证明中出现。

当且仅当完全竞争时，λ，$\gamma = 1$。

假定存在制度公平，则有分配系数 $\lambda = \gamma$，即所有生产要素按相同的比例从贡献中提取要素报酬，这是符合亚里士多德分配正义原则的，因此是公平的。

但如果资本凭借垄断权力改变分配系数的时候，比如由完全公平分配时的 λ，$\gamma = 1$，改变成 $\lambda = 0.8$，$\gamma = 1.2$ 时，资本就侵占了劳动力的收益。这应该是剩余价值的一个可能来源——分配制度的不公。

第四节　等效率原则视角下的完全竞争市场争议

什么是完全竞争？Machovec（1995）在定位完全竞争的起源时指出完全竞争的出现是为了满足古诺对定义严谨性的追求，并最终成为瓦尔拉斯《纯粹经济学要义》的主要工具。完全竞争模型直到 20 世纪 20 年代才真正作为分析工具首次亮相——在弗兰克·奈特和阿尔弗雷德·马歇尔的影响力减弱之后。

弗兰克·奈特给出了一个完整的表述（Knight，1948）。奈特的研究是建立一个以具备完全知识为前提的经济系统，进而去研究经济的一系列确切性质，并将此作为分析不确定性带来的影响的第一步。奈特为一个理想的经济系统提出了多条假设，其中与完全竞争市场模型相关的假设如下：

第一，经济系统中的参与者本质上是正常人，可以视作当今工业国家人群的一份"随机样本"。

第二，假设经济系统中的参与者是完全理性的，他们知道自己想要的是什么，并付诸聪明的行动。参与者的所有行为都是对真实的、有意识的、稳定的、一致的动机、意象以及欲望的反应。他们清楚地知道所采取的行动可能导致的后果，会根据此结果去选择执行的行动。

第三，经济系统的参与者在参与商品生产、交换以及消费的过程中，会以获取自身最有利的结果为导向，自由且自主地采取行动。

第四，经济系统中的参与者在制定、执行和更改自身行为计划时完全不存在物理上的障碍，也即在整个经济系统中，要素流动过程拥有不涉及任何成本变化的"完美的流动性"。为此经济系统中所有的劳动、商品等要素必须满足连续变化、可以无限分割的特征，生产过程必须连续地完成。每个生产者不断地生产一种完整的商品，且能满足生产速度与消费速度一样快的要求。

第五，在经济系统中所有的参与者之间必须存在着正确的、连续的、无成本的交流。每一件商品的买卖双方（包括潜在的买卖双方）都彼此了解并能在对方的报价中做出选择。每一种可被分割成无数单位的商品必须分别拥有并在相互之间存在有效的竞争。

第六，经济系统中的每一个参与者都完全独立于其他参与者。商品生产、交换是参与者之间的关系形式，或者至少没有其他任何影响经济的行为。参与者个体的行动独立性排除了一切形式的合谋以及各种程度的垄断或垄断倾向。正如奈特所说，上述假设是纯粹化、理想化之后的现实经济系统，它们是经济系统中出现完全竞争的必要条件。

萨缪尔森对完全竞争市场的定义或许是大家能接受的，完美的竞争者是可以在当前市场价格出售所有他想要卖的东西的人，但无法显著增加或减少市场价格。而且，根据定义，完全竞争市场由许多完美的竞争者组成（Samuelson，1958）。

一、关于完全竞争市场的争议

1. 完全竞争市场理论的源头

1838 年古诺在其著作《财富理论的数学原理的研究》中指出竞争已经达到了极限，每个部分产量 D_k 都微不足道，不仅对总产量 $D=F(p)$，而且对 $F'(p)$ 也是如此，因此把 D_k 从 D 中抽取出来，商品的价格不会有明显变化。根据假定在下面的方程 $D_k+[p-\phi'_k(D_k)]dD/dp=0$ 中，D_k 可以忽略掉而不会引起明显误差，方程简化为 $p-\phi'_k(D_k)=0$。

$$D_k+[p-\phi'_k(D_k)]dD/dp=0 \qquad (2-32)$$

$$p-\phi'_k(D_k)=0 \qquad (2-33)$$

其中，D_k 是厂商 k 的产量；p 是市场均衡价格；$\phi'_k(D_k)$ 是厂商 k 的边际成本，也就是总成本对产量的导数；dD/dp 是总需求对价格的一阶导数。

式（2-31）就是完全竞争理论的源头。因为完全竞争市场中产品同质，进而生产函数也相同，因此厂商的边际成本 $\phi'_k(D_k)$ 相等，这就是完全竞争市场企业水平需求曲线的来源。

2. 对完全竞争市场理论的批评

20 世纪 60 年代以来，对完全竞争市场的批评从未间断，批评的声音来自方方面面，有普通的经济学者也有著名的经济学家。所有的批评概括起来大致有四类：第一类是批评完全竞争市场的理论源头，认为是对古诺模型的误解（修订版改成了"古诺的误导"）；第二类是批评完全竞争市场的前提假定，假定不成立，后面的内容自然就站不住脚；第三类是批评完全竞争市场的推理过程，怀疑推理过程有问题；第四类是批评完全竞争市场的结果，直接质疑结果错误或者有严重问题。由于这类文献太多①，故以下只做简要介绍，相关文献也只列举部分。

第一类：批评理论源头和基础。Nomidis（2020）认为是古诺的公式以及他对公式的说明误导了后来的研究者。他根据市场上人数趋于无穷大时，古诺-纳什均衡趋近于一般均衡的结论，认为当市场中生产者人数有限时，完全竞争市场上的企业均分总产量，所有单个企业的需求曲线叠加就是市场需求曲线，因此每个厂商的市场需求曲线都是向右下方倾斜的而不是水平的。Nomidis 以此为基础，进行了一系列分析、推导，最终宣称均衡价格根本不是由总需求和总供给曲线交叉决定的等一系列可以改写经济学原理的结论。他的结论是否正确这里不做评判，但他的工作足以证明完全竞争市场模型对经济学理论大厦的重要支撑作用。

完全竞争和不完全竞争哪个是基础？第一种说法：不完全竞争来自完全竞争。"……其次，反过来，由于完全竞争宁愿假设它应该解释的东西，博弈论的不完全竞争也被用来为完全竞争提供基础，从战略行为中推导出竞争行为。第二种说法：从不完全竞争到完全竞争，完全竞争的定义不再是毫无疑问的起点，而是不完全竞争的极限情况。"②

第二类：批评前提假定。完全竞争市场模型的前提假定至少有六个，因此这类批评也应有六个部分，每个部分针对一个假定。

一是批评完全信息假定的。奥地利经济学家米塞斯认为消费者并非无所不知。他不知道在哪里能以最便宜的价格获得他想要的东西。很多时候，他甚至不知道哪种商品或服务能够最适合最有效地消除他想要消除的特定不安。他充其量只是熟悉过去的市场状况，并根据这些信息安排他的计划。向他传达有关市场实际状况的信息是商业宣传的任务。因此，由于完全竞争排除了销售努力，而实际上是在从事广告或其他销售努力，这必须归因于市场结构中的垄断因素

① 对完全竞争模型的批判，参见 Kirzner（1978）；Von Mises（1966）；Armentano（1972，1982，1991）；Armstrong（1982）；Block（1977，1982，1994）；Bennett 和 DiLorenzo（1997）；Boudreaux and DiLorenzo（1992）；High（2008）；McChesney（1991）；Rothbard（1970）；Shugart 和 Wattenberg（2003）；Svejnar 和 Smith（1984）。

② Block W, Barnett W, Wood S. Australian Economics, Neoclassical Economics, Marketing, and Finance [J]. The Quarterly Journal of Austrian Economics, 2002, 5（2）：51-66.

（Kirzner，1978）。

二是批评市场参与者人数众多假定的。价格接受假设是基于制度假设——数量、拍卖师和经纪人的存在——所有这些都试图中和战略行为，以避免价格操纵。

三是批评产品同质性假定的。价格同质化体现在"一价定律"中（Roberts，1987）。

四是批评进出无壁垒假定的。熊彼特认为，只要不构成进入壁垒，垄断就可能被合法化。然而，引人注目的是，自由进入和大量市场参与者在这个理论中没有明确的作用：如果任何商品只有一个潜在的买家和卖家，所有的定理都将成立。

五是批评厂商只是价格接受者假定的。完全竞争市场把买方和卖方当成了盲目的价格接受者。战略行为的缺失体现在价格接受行为中。

六是批评无外部性假定的。参见 Coase（1937）关于公司理论的著作和 Williamson（2000）关于交易成本的著作。另见 Cheung（1983）、Dauterive 和 Sibley（1990）关于不依赖完全竞争的公司的奥地利观点，参见 Machlup（1967）、Lewin 和 Phelan（1999）。

第三类：批评推理过程。Stigler（1965）还坚持认为，与新古典理论的标准版本相反，企业家在完全竞争中发挥作用，并且富有成效。这显然是等于承认垄断的存在，因为企业家的作用是获得经济利润。

第四类：批评结果。这类批评认为，完全竞争甚至不是理论上可取的结果。

哈耶克认为，完全竞争不应称为"竞争"，因为完全竞争模型消除了所有的竞争活动。熊彼特也指出研究、开发和创新都是由那些获得经济利润的公司进行的，从长远来看，这使得完全竞争的效率低于不完全竞争。

3. 支持者的辩护

完全竞争理论支持者的理由：完全竞争只是一个规范的模型，它只是分析的一个终点，类似于化学中的理想气体或物理学中的无摩擦系统。没有人期望实际遇到此模型中描述的情况；它仅作为对现实世界的有用简化（Stigler，1965），以便于分析。正如物理学家必须在凝聚点附近放弃理想气体的假设，才能理解观察到的涉及分子间吸引力和凝聚的现象一样，为了理解观察到的营销行为，也必须放弃完全竞争的简化假设。

除了对总体批评的辩护，支持者们也对针对前提假定的批评做了回复。关于

"完全知识"的条件，认为经纪人可以存在于完全竞争中，或者让任何市场中的经纪人无限多，让每个经纪人认识许多买家和卖家，也让每个买家或卖家认识许多经纪人——再次拥有完全竞争。

完全竞争市场理论具有广泛的经验有效性和规范属性，使我们能够判断政策的效率。

我们希望完全竞争的定义能够以可容忍的清晰性——在科学状况所能提供的清晰性中——指定一个模型，该模型可以被从业者广泛使用。各种理论研究因此不必在理论的每一个扩展或应用中争论科学的基础。我们希望该定义能够捕捉重要的市场基本规律，因此从该理论得出的预测将具有广泛的经验可靠性。我们希望一个具有规范属性的概念能够让我们判断政策的效率。完全竞争的概念已经满足了这些不同的需求（Stigler，1965）。

二、完全竞争市场争议的等效率原则解释

1. 关于完全竞争市场理论争议的原因

原因之一：过程（竞争）和结果（均衡）的混淆。正统的（教科书中的）完全竞争市场理论，实际上包含两部分内容：一部分描述完全竞争市场均衡时的状态；另一部分描述趋向均衡的过程。问题是这两部分内容的界限并不清楚，比如所有企业的经济利润都为 0，就是把均衡时的状态特征强加给趋向均衡的过程。这种混淆，把动态过程变成了静止状态，竞争被消失，以至于无法说清楚市场是如何通过竞争趋向均衡的。没有人能解释无数厂商水平需求曲线如何叠加成了向右下方倾斜的市场需求曲线。

原因之二：边际主义和形式化的分离。争议的第二个原因是所有竞争理论都是建立在边际分析基础之上的，一般均衡却是通过不动点定理给出的形式化证明，与竞争过程毫无关系。阿罗-德布鲁关于一般均衡的证明无法说清楚那个一定存在的均衡点是如何到达的。边际主义者分析了无数条通往目的地的道路，但连目的地（一般均衡）是否存在都不能确定（证明），更不用说在哪里。然而形式化的证明虽然证明了目的地一定存在，却对通往目的地的道路绝口不提。

原因之三：均衡之后是什么？一旦均衡就永远停止了吗？如果不是，那是什么力量打破了均衡，是重新开始竞争吗？

弄清楚上面三个问题的关键：第一，必须分清楚过程和结果；第二，说清楚从竞争到均衡的过程。第三，均衡以后是什么？以下从等效率原则的视角对这三个问题进行讨论。

2. 趋向均衡的过程——均衡价格的形成机制

在达到均衡前，每个市场参与者都在拼命追求经济利润，此时市场上存在三种竞争（这三种竞争并无先后顺序，而是同时进行的）。

第一，厂商和厂商的竞争。厂商之间的竞争是为了赢得效率优势，获得效率差。效率差意味着对不同产品单位成本的估值不同，因此即便是以同样的价格销售，高效率厂商每一分钱成本要比低效率的厂商多赚钱，相当于从低效率厂商那里获得了拨款（Appropriation），这意味着高效率厂商有更高的经济利润，于是其他厂商要么被迫采取措施提高效率，要么被迫出局。当所有提高利润的合法手段都被用尽的时候，就实现了生产者均衡，大家的效率都相等，没有人比别人有效率优势。但此时仍可能有经济利润，因为消费者可能给厂商拨款（生产效率大于消费效率）。

第二，消费者和消费者的竞争。消费者之间的竞争也是为了赢得效率优势，获得效率差。商品价格是厂商的报价，不是底价。因此，善于估值的消费者，总能以接近或等于厂商底价的价格买到同样的商品，从而有更大的消费者剩余，等于从高价购买的消费者那里获得了拨款。楼市常常出现这类现象：前期购买期房的购房者刚签约，开发商就降价了。例如，降价 2000 元/平方米，前期买入者就会觉得亏了，而降价后的买入者就觉得自己赚了 2000 元/平方米，相当于（经过开发商转手）获得了早期买入者的补贴（拨款）。又如，商场打折促销，获得折扣的消费者以更低的价格买到了与没享受到优惠的消费者同样的商品，这些折扣优惠本质上都是前期消费者的拨款。当所有提高消费效率的手段都用尽的时候，就实现了消费者均衡，大家的效率都相等，没有人比别人有效率优势。此时仍可能有经济利润，因为生产者可能给消费拨款（消费效率大于生产效率，比如有厂商清仓甩货）。

第三，厂商和消费者的竞争。厂商的报价过程更接近于荷兰式拍卖，竞标者按照自己的估值出价，直到厂商（拍卖者）的报价等于保留价或等于消费者（竞标者）的出价，双方成交，此时买卖双方效率相等，谁也没吃亏。当市场上所有参与者（无论是买方还是卖方）的效率都相等时，所有厂商和消费者的经济利润为 0，市场竞争过程结束，进入均衡状态。

3. 竞争的动力

在竞争中失败是很受伤的事，就算最终胜出也往往是疲惫不堪。那么是什么吸引人们去竞争呢？当然是经济利润。经济利润来自效率差，而效率差意味着低效率竞争者给高效率竞争者拨款。可见，拨款才是竞争的直接动力，没有拨款就没有竞争，因为没有拨款就意味着效率差消失，意味着均衡。

4. 均衡之后

正统的完全竞争市场理论认为，一旦进入均衡状态，所有厂商和消费者都没有改变自身状态的意愿，这显然是忘记了人们追求效率的本能（来自自利的本性）。对生产者来说，不满足于正常利润有两种选择：要么退出，要么想办法创新。关于完全竞争市场是否存在创新是有争议的，比如 Stigler 认为存在，熊彼特认为不存在。其实创新的进行时是可以发生在均衡状态的，不过创新的完成时不可能发生在完全竞争市场的均衡状态。因为一旦创新成功，创新的厂商就获得了经济利润，均衡状态被打破，然后创新被其他厂商模仿、改进，新一轮竞争重新开始，直到经济利润下降为 0，实现下一次均衡。

5. 关于厂商水平的需求曲线

无数厂商水平的需求曲线无论如何也无法叠加成向右下方倾斜的市场需求曲线，因此这种厂商都是价格接受者的假定是站不住脚的。事实上，只要承认需求法则，即商品价格和需求量反向变化，就知道不会有水平的需求曲线。

假设厂商（任何一个）的需求函数 $p=a-bq$，则有 $\dfrac{dp}{dq}=-b$，此式表明：每个厂商销量的微小变化，都会引起市场价格的一个微小改变。市场价格的变动是这些微小改变的叠加。在达到均衡状态前，厂商处在竞争状态，说明产品是有差异的，尽管差异可能很小。因此，所有市场参与者都是价格接受者是对均衡状态的描述，而不是对趋向均衡过程的描述，处在均衡状态时，竞争已经停止，只有一种价格，谈不上谁是接受者，谁是带领者（做市商）。

本章小结

本章的主要研究工作和结论如下：

第一，指出了公平交易本质上是等效率交易的事实，以及基于价格相等的所谓公平交易中的不公平（有效率差）真相；指出了劳动价值论只看投入，效用价值论只看产出的不足，提出了兼顾两者的、以效率来度量价值的效率价值论。效率价值论准确地解释了公平交易和等价交换的内涵。"沙漠中一瓶水贵于钻石"的悖论，在效率价值论中不再是悖论，两者的价值可以明显区分。

第二，针对关于"看不见的手"的多种理解和众说纷纭，给出了基于等效率原则的解释。这是一个三段论逻辑模型：首先，自利本性决定了人们对效率的本能热爱和追求；其次，追求效率差导致经济利润逐渐减少，效率差缩小意味着帕累托改进，因此会增进社会福利，这就是自利反而能增进社会福利的原因；最后，人们提高效率的合法手段用尽，效率差消失，经济达到了帕累托最优和均衡状态。此时，若再想获取经济利润只能靠创新。举例证明了企业追求效率差的事实：波特的三大创新战略、四种常见的拍卖方式、熊彼特的五种创新本质上都是在提高效率，创造效率差。

第三，结合古诺-伯特兰德悖论，讨论了把效率是否等于1作为区分市场结构标准的可行性和优势。结论是以效率来区分市场结构不仅是可行的，而且有诸多优势，例如：可以化解伯特兰德悖论；确定最低工资标准；识别垄断企业；发现效率瓶颈和发现分配不公等。

对古诺-纳什均衡和伯特兰德均衡进行了对比分析，指出了博弈效率和经济效率的区别：博弈效率是局中人策略的收益与机会成本之比，经济效率则是市场参与者的产出与投入之比。在古诺模型中经济效率和博弈效率不等，因为纳什均衡时，局中人的效率都是1（证明参见第三章），伯特兰德均衡中博弈效率和经济效率都为1。

第四，分析了完全竞争市场短期和长期均衡时的效率，结论如下：①完全竞争市场长期均衡的效率条件是所有生产者和消费者的效率都相等且等于1；②帕累托最优的效率条件与完全竞争长期均衡的效率条件相同；③完全竞争市场长期均衡时，所有商品和生产要素的价格都等于1。

第五，指出了关于完全竞争市场争议的三个原因，解释了均衡价格的形成机制，揭示了拨款（效率差）是竞争直接的驱动力；指出了完全竞争市场中单个企业的水平需求曲线是混淆了过程（竞争）和结果（均衡）导致的错误，因为水平的需求曲线无论如何叠加也不会倾斜。倾斜意味着变动，水平则表示静止，一群静止的市场价格接受者永远无法使市场价格发生改变。

本章参考文献

［1］ Armentano D T. Antitrust and Monopoly： Anatomy of a Policy Failure ［M］. New York： Wiley, 1982.

［2］ Armentano D T. Antitrust Policy： The Case for Repeal ［M］. Washington, DC： The Cato Institute, 1991.

［3］ Armentano D T. The Myths of Antitrust ［M］. New Rochelle, NY： Arlington House, 1972.

［4］ Armstrong R A. Competition between Three Foliose Species of Parmelia （Lichens） ［J］. New Phytologist, 1982, 90： 67-72.

［5］ Bennett J, DiLorenzo T. CancerScam： The Diversion of Federal Cancer Funds for Politics ［M］. New Brunswick and London： Transaction Publishers, 1997.

［6］ Block W, Barnett W, Wood S. Australian Economics, Neoclassical Economics, Marketing, and Finance ［J］. The Quarterly Journal of Australian Economics, 2002, 5 （2）： 51-66.

［7］ Block W E. A Response to the Framework Document for Amending the Combines Investigation Act ［M］. Vancouver： The Fraser Institute, 1982.

［8］ Block W E. Total Repeal of Anti-trust Legislation： A Critique of Bork, Brozen and Posner ［J］. Review of Austrian Economics, 1994, 8 （1）： 35-70.

［9］ Block W. "Austrian Monopoly Theory—A Critique ［J］. The Journal of Libertarian Studies, 1977, 1 （4）： 271-279.

［10］ Bork R H. The Antitrust Paradox ［J］. The International Lawer, 1979, 13 （1）： 198-201.

［11］ Boudreaux D J, DiLorenzo T J. The Protectionist Roots of Antitrust ［J］. Review of Austrian Economics, 1992 （6）： 281-296.

［12］ Cheung N S. The Contractual Nature of the Firm ［J］. Journal of Law and Economics, 1983, 26 （1）： Article 2.

［13］ Coase R H. The nature of the firm ［J］. Economica, 1937 （4）： 386-405.

［14］Dauterive J W, Sibley M. Ownership Structure and Board Independence among Small Firms［R］. Paper presented at the Annual Meeting of the Financial Management Association in Orlando, 1990.

［15］Grampp W D. What Did Smith Mean by the Invisible Hand?［J］. Journal of Political Economy, 2000, 108（3）: 441-465.

［16］High J. The Library of Economics and Liberty Carries the Popular Concise［R］//Henderson D R（ed）. Encyclopedia of Economics 1ˢᵗ. Liberty Fund, 2008.

［17］Kirzner I M. Competition and Entrepreneurship［M］. Chicago: University of Chicago Press, 1978.

［18］Knight F H. Freedom and Reform: Essays in Economics and Social Philosophy［J］. The Economic Journal, 1948, 58（230）: 246-248.

［19］Kreps D M, Scheinkman J A. Quantity Recommitment and Bertrand Competition Yield Cournot Outcomes［J］. The Bell Journal of Economics, 1983, 14（2）: 236-337.

［20］Lewin P, Phelan S E. Firms, Strategies, and Resources: Contributions from Austrian Economics［J］. Quarterly Journal of Austrian Economics, 1999, 2（2）: 3-18.

［21］MacGregor D H. The Mathematical Principles of the Theory of Wealth, 1838［J］. The Economic Journal, 1929, 39（153）: 91-92.

［22］Machlup F. From Dormant Liabilities to Dormant Assets［D］. Princeton: Princeton University, International Finance Section, Department of Economics, 1967.

［23］Machovec F. Perfect Competition and the Transformation of Economics（1st Edition）［M/OL］. eBook Published, https://doi.org/10.4324/9780203429259, 1995.

［24］McChesney F S. Rent Extraction and Interest-group Organization in a Coasean Model of Regulation［J］. Journal of Legal Studies, 1991（20）: 73-90.

［25］Nomidis D. A Fundamental Reformation of Neoclassical Economics［EB/OL］. Available at SSRN: https://ssrn.com/abstract=3623004, 2020-06-09.

［26］Roberts J. General Equilibrium Analysis of Imperfect Competition: An Illustrative Example［M］//Feiwel G R. Arrow and the Ascent of Modern Economic Theory. London: Palgrave Macmillan, 1987.

［27］Rothbard M N. Man, Economy, and State with Power and Market

［R］. 1970.

［28］Samuelson P. Economics：An Introductory Analysis ［M］. New York：McGraw-Hill Book Company，1958.

［29］Shugart S，Wattenberg M P. Mixed-Member Electoral Systems：The Best of Both Worlds? ［M］. Oxford：Oxford University Press，2003.

［30］Stigler G J. Essays in the History of Economics ［M］. Chicago：University of Chicago Press，1965.

［31］Svejnar J，Smith S. The Economics of Joint Ventures in Less Developed Countries ［J］. The Quarterly Journal of Economics，February 1984，99（1）：149-167.

［32］Von Mises L. Human Action ［M］. Chicago：Henry Regnery Company，1966.

［33］Williamson O E. The New Institutional Economics：Taking Stock，Looking Ahead ［J］. Journal of Economic Literature，2000（XXXVIII）：595-613.

［34］奥古斯丹·古诺. 财富理论的数学原理的研究 ［M］. 陈尚霖，译. 北京：商务印书馆，1994.

［35］大卫·李嘉图. 政治经济学及赋税原理 ［M］. 郭大力，王亚南，译. 北京：商务印书馆，1986.

［36］大卫·休谟. 人性论 ［M］. 关文运，译. 北京：商务印书馆，2016.

［37］黄有光. 快乐、基数效用与人际比较：经济学者反主观概念的偏见 ［J］. 二十一世纪，1997（10）：150-159.

［38］迈克尔·波特. 竞争战略 ［M］. 陈小悦，译. 北京：华夏出版社，2005.

［39］亚里士多德. 政治学 ［M］. 吴寿彭，译. 北京：商务印书馆，1981.

［40］约翰·罗. 论货币和贸易 ［M］. 朱泱，译. 北京：商务印书馆，1986.

［41］约瑟夫·熊彼特. 经济发展理论 ［M］. 郭武军，吕阳，译. 北京：华夏出版社，2015.

第三章 一般均衡与等效率原则

在科学上，里昂·瓦尔拉斯的名字是不朽的，他的声望将与日俱增……正是瓦尔拉斯第一个发现了关于自由竞争情形的方程组。这一发现是极其重要的，他的功绩怎么称赞都不过分。当然，科学已经发展了，而且，未来还会进一步发展，但无论如何都不会降低瓦尔拉斯发现的重要性，就像天体物理学的发展不能降低牛顿定理的重要性一样——恰好相反，他们的重要性日益增加。

他的工作使他出类拔萃，并使他获得了不朽的荣誉。

——维尔弗雷德·帕累托

本章的内容如下：第一，简要介绍瓦尔拉斯一般均衡的假定及方程系统，然后给出基于等效率原则的均衡解，并检验该解的必要性和唯一性。第二，基于等效率原则的解代入考虑资本形成和信贷的瓦尔拉斯方程，进一步检验基于等效率原则的解。第三，简要介绍阿罗-德布鲁的证明，将基于等效率原则的解代入阿罗-德布鲁模型（Arrow and Debreu，1954），检验等效率原则和一般均衡的等价性。第四，对一般均衡进行讨论。第五，简要介绍纳什均衡，在纳什的假设框架下，验证等效率原则与纳什均衡的等价性。

第一节　瓦尔拉斯一般均衡简介

1874 年法国经济学家里昂·瓦尔拉斯首次提出了一般均衡的数学模型，开始探讨一般均衡的存在性问题①。

瓦尔拉斯按照从简单到复杂的思路一步一步地构建自己的一般均衡理论体系。他首先考察了产品市场交换的一般均衡；然后考察要素市场的一般均衡，对要素市场涉及的生产过程、资本积累和货币流通等进行了一般均衡分析，在此基础上，把一般均衡理论由实物经济扩展到货币经济。瓦尔拉斯的一般均衡理论提出后，经过帕累托、希克斯、诺依曼、萨缪尔森、阿罗、德布鲁以及麦肯齐等经济学家的研究和发展后，最终形成了现在的一般均衡理论体系。

一、瓦尔拉斯一般均衡的前提假定及其讨论

1. 一般均衡的前提假定

瓦尔拉斯均衡的前提假定：

（1）要求市场的参与者有关于市场的完全信息。

（2）假定经济中不存在不确定因素，因此不会因为预防不测而贮藏货币。

（3）不存在虚假交易，所有的交易都是在市场均衡价格形成时达成，即只有在这套价格下，市场参与者才能实现最大化目标，均衡价格是通过拍卖商喊价试错过程来实现的。

（4）经济系统有足够多的参与者，从而符合"无剩余条件"。

（5）需求函数和超额需求函数均为价格的零度齐次函数（不存在规模报酬）。

（6）生产和消费都不存在外部性。

（7）消费者偏好和企业的生产集是严格凸的(此假定是为了防止出现收益递增)。

（8）所有商品都是完全替代，意味着一种商品价格上升，一定产生对其他商品的过度需求等。

（9）一般均衡存在时，所有市场都是帕累托最优的。

2. 完全竞争市场及其长期均衡的特点

以下通过对比一般均衡和完全竞争市场及其均衡时的性质来分析一般均衡的前提假定。

第一，完全竞争市场的性质（莱昂·瓦尔拉斯，2011）。①市场信息畅通准确，市场参与者充分了解各种情况，也就是完全信息。②有足够多的市场参与

---

① 1874 年和 1877 年，瓦尔拉斯出版了 *Éléments d'économie politique pure*（1899 年第 4 版；1926, éd. définitive）；*Elements of Pure Economics*（1954 年英文版），由 William Jaffé 翻译。这项工作使他被认为是"一般均衡理论之父"。

者，以至于每个人都是价格接受者。③企业生产的产品具有同质性，不存在差别。④市场参与者进出市场，不受限制。⑤各种资源都能够充分地流动。

第二，完全竞争市场均衡（长期）的性质。①所有厂商经济利润为 0；②处于均衡状态的完全竞争市场是帕累托最优的。

3. 一般均衡假定与完全竞争市场长期均衡特点的比较

第一，相同点有九个：①完全信息；②产品同质和完全替代从消费者的角度看是没区别的；③市场参与者自由进出；④资源流动无限制；⑤无不确定状态；⑥无外部性；⑦无虚假交易；⑧均衡时都是帕累托最优；⑨厂商的经济利润都是 0。

第二，不同点有四个：①一般均衡是多个市场，完全竞争市场是单一市场；②一般均衡市场需求函数零度齐次，完全竞争市场无此要求；③一般均衡市场消费者偏好和生产集严格凸，完全竞争市场无此要求；④一般均衡市场是拍卖者喊价，完全竞争市场上的人都是价格接受者。

4. 一般均衡假定的讨论

显然，相同点的第九条会引起争议，因为如果是这样，那么一般均衡中的多市场中的每一个都是完全竞争市场。如果不是，假设一般竞争中的多市场中只有一个是完全竞争市场，只有正常利润；其他市场都是非完全竞争市场，有经济利润，那么考虑到资源自由流动的假定，完全竞争市场中的资源很快就会被利润更高的市场吸引，完全竞争市场将不再存在。所以，一般均衡中的多个市场要么都是完全竞争市场，要么都是非完全竞争市场。因为一般均衡中的所有市场都是帕累托最优的，所以不存在帕累托改进的可能，而非完全竞争市场是存在帕累托改进可能的，否则就不会有完全竞争市场。一般均衡假定中的多个市场一定都是完全竞争市场，考虑到完全信息和资源自由流动等假定，特别是商品之间完全替代的假定，完全竞争市场长期均衡时的多个市场会变成同一个市场。

因此，相同点的第九条成立。也就是说，一般均衡中的多个市场就是同一个完全竞争市场[①]。从这个角度来看，每个市场只有一种产品的多个市场和有多种产品的单一市场没有区别。

二、瓦尔拉斯一般均衡模型

1. 商品市场均衡

瓦尔拉斯认为，当满足商品的效用或欲望方程式和最初所拥有的商品数量

---

① 阿莱也称瓦尔拉斯模型为单市场模型（参见第一章参考文献 [11]）。

（禀赋）相等这个条件时，均衡价格就可以确定了。也就是说，在纯交换经济中，进入市场的参与者带着既定数量的商品作为供给，根据他们的效用或欲望即需求进行交换，必定能达到均衡。用 S_i 表示进入市场进行交换的第 $i(i=1,\cdots,n)$ 种商品的供给量；P_i 表示第 $i(i=1,\cdots,n)$ 种商品的价格；D_i 表示第 $i(i=1,\cdots,n)$ 种商品的需求量。

第 $i(i=1,\cdots,n)$ 种商品的需求量不仅受其自身价格的影响，而且受所有商品价格的共同影响，于是需求函数可表示为：

$$D_i = D_i(P_1,\cdots,P_n) \tag{3-1}$$

按照定义，当存在一组价格 P^* 使得商品 $i(i=1,\cdots,n)$ 的供求平衡时，有：

$$D_i(P_1^*,\cdots,P_n^*) = S_i \tag{3-2}$$

一般均衡时，所有市场总需求等于总供给（均衡的必要条件），于是有：

$$\sum P_i D_i = \sum P_i S_i \tag{3-3}$$

式（3-3）称为瓦尔拉斯定律，表示 n 个商品市场同时达到均衡时，它们的供求是互相关联的，若有一个市场未均衡，必有至少一个其他市场无法实现均衡。

2. 要素市场均衡

参与市场交换的除了商品，还有生产要素，因此要考虑要素市场的均衡。瓦尔拉斯用以下方程描述要素市场的均衡。

生产要素的需求方程：

$$\sum_{i=1}^{n} a_{ij} X_i = R_j \tag{3-4}$$

其中，a_{ij} 为技术系数，X_i 为第 $i(i=1,\cdots,n)$ 种商品的生产数量，R_j 为生产中消耗的第 $j(j=1,\cdots,m)$ 种生产要素数量。

商品的需求方程：

$$X_i = f_i(P_1,\cdots,P_n; V_1,\cdots,V_m) \tag{3-5}$$

其中，P_i、V_j 为第 $i(i=1,\cdots,n)$ 种商品的价格和要素 $j(j=1,\cdots,m)$ 的价格。

商品的供给方程：

$$\sum_{j=1}^{m} a_{ij} V_j = P_i \tag{3-6}$$

其中，P_i、V_j 为第 $i(i=1,\cdots,n)$ 种商品的价格和要素 $j(j=1,\cdots,m)$ 的价格。

生产要素的供给方程:

$$R_j = g_j(P_1, \cdots, P_n; V_1, \cdots, V_m) \tag{3-7}$$

均衡条件:

$$\sum_{i=1}^{n} P_i X_i = \sum_{j=1}^{m} V_j R_j \tag{3-8}$$

或者:

$$\sum_{i=1}^{n} P_i f_i(P_1, \cdots, P_n; V_1, \cdots, V_m) = \sum_{j=1}^{m} V_j g_j(P_1, \cdots, P_n; V_1, \cdots, V_m)$$

$$\tag{3-9}$$

模型中独立的方程个数为 $2m+2n-1$,变量个数为 $2m+2n$,因此需要引入法定价格,使变量减少 1 个,才能使模型有解。所谓引入法定价格就是将价格向量归一化,从而去掉一个未知数(具体过程略)。

3. 模型求解

瓦尔拉斯认为方程的个数与未知数个数相等,方程组的解一定存在,因此就证明了一般均衡的存在。遗憾的是,方程个数和未知数个数相等对于方程组有解来说既不必要又不充分。不过,这倒不能说方程组的解一定不存在,否则人们就不会继续研究了。

第二节 瓦尔拉斯方程组的唯一解

一、基于等效率原则的均衡解

在瓦尔拉斯均衡的多个市场中,有 n 种商品,m 种生产要素。假设市场上有 K 个生产商(生产商可视为其生产的产品组合和其使用的要素组合),那么这 n 种产品一定是由这 K 个生产商生产,m 种生产要素一定是被这 K 个生产商使用。如果这 K 个生产商都实现了产出最大,经济利润为 0,则根据等效率原则(参见第一章命题 3)必有:

$$\frac{Y_1}{I_1} = \cdots = \frac{Y_K}{I_K} = 1 \tag{3-10}$$

其中，m 种生产要素的使用效率和 n 种商品的生产效率都是 1，要素使用效率就是要素价格，产品的生产效率等于产品的生产成本和价格且等于 1。由此得到了一组价格：

$$p^* = [P_1, \cdots, P_n; V_1, \cdots, V_m] = [\underbrace{1, \cdots, 1}_{n个}; \underbrace{1, \cdots, 1}_{m个}] \tag{3-11}$$

二、均衡解的充分性

式（3-10）左侧应用合比定理有：

$$\frac{\sum_{k=1}^{K} Y_k}{\sum_{k=1}^{K} I_k} = \frac{\sum_{i=1}^{n} Y_i}{\sum_{j=1}^{m} I_j} = \frac{\sum_{i=1}^{n} P_i X_i}{\sum_{j=1}^{m} V_j R_j} = 1 \tag{3-12}$$

由式（3-12）有：

$$\sum_{i=1}^{n} P_i X_i = \sum_{j=1}^{m} V_j R_j \tag{3-13}$$

也即式（3-8），说明 p^* 满足均衡条件。生产均衡条件得证。

又因为 $P_i = 1$，所以由式（3-2）两端同时乘以 P_i，即可得到瓦尔拉斯定律：

$$\sum_{i=1}^{n} P_i D_i = \sum_{i=1}^{n} P_i S_i \tag{3-14}$$

也即式（3-3），说明 p^* 满足瓦尔拉斯定律。交换均衡条件得证。

至此，$p^* = [P_1, \cdots, P_n; V_1, \cdots, V_m] = [\underbrace{1, \cdots, 1}_{n个}; \underbrace{1, \cdots, 1}_{m个}]$ 为瓦尔拉斯方程解的充分性证明完毕。

三、均衡解的必要性

1. 生产最优是一般均衡的必要条件

帕累托最优是一般均衡的必要条件。生产最优，即任意两种要素边际替代率——要素价格比都相等，是生产最优的必要条件，所以也是瓦尔拉斯均衡的必要条件。

2. 要素使用效率均为 1，是生产最优的必要条件

由等效率原则可知：当存在零度齐次生产函数时，要素的边际价格等于使用效率，且为 1，因此所有要素的边际技术替代率之比都等于 1。这说明：存在零度

齐次生产函数时①，等效率原则等价于生产最优。因此 p^* 是均衡解的必要性成立。

四、瓦尔拉斯一般均衡解的性质

1. 唯一性

因为 $\boldsymbol{p}^* = [\underbrace{1, \cdots, 1}_{n\uparrow}; \underbrace{1, \cdots, 1}_{m\uparrow}]$ 作为瓦尔拉斯均衡解充分且必要，所以唯一。

2. 全局最小值

证明： 考虑式（3-3）左端有总产出 Y：

$$Y = P_1 D_1 + \cdots + P_n D_n \tag{3-15}$$

假定另有一组价格：$p^e = [p_1^e, \cdots, p_n^e]$，其中 $p_i^e \neq 1 (i = 1, \cdots, n)$ 满足方程（3-15），则有：

$$Y = P_1^e D_1 + \cdots + P_n^e D_n \tag{3-16}$$

令 $P^m = \min\{P_i^e \mid i = 1, \cdots, n\}$，因为 $p^* = (\underbrace{1, \cdots, 1}_{n\uparrow})$ 满足方程（3-15），由假定需求函数是价格的零度齐次函数②，因此有：

$$Y = P^m D_1 + \cdots + P^m D_n \tag{3-17}$$

式（3-16）和式（3-17）两端同时相减，有：

$$0 = (P_1^e - P^m) D_1 + \cdots + (P_n^e - P^m) D_n \tag{3-18}$$

式（3-18）右端括号内的价格差均为非负数，而且需求量均为非负数，所以只有当括号内的差值都为 0 时，等式（3-18）才成立。因此所有商品价格必为经济系统中的全局最小值。

五、瓦尔拉斯-卡塞尔模型

Dorfman 等（1958）曾试图求解瓦尔拉斯-卡塞尔模型，但没成功，仅举了几个数值算例。以下简要介绍并讨论他们的工作。

考虑一个有 n 种商品 m 种资源的生产系统。假设 r_i 表示第 i 种资源的供给量，x_j 为第 j 种产品的产量。技术系数矩阵是瓦尔拉斯-列昂惕夫型的 $m \times n$ 矩阵，

---

① 瓦尔拉斯和阿罗-德布鲁都假定存在零度齐次生产函数。

② 瓦尔拉斯和阿罗-德布鲁的证明中都有此假定，意味着规模收益不变。

其元素 a_{ij} 为固定值。于是有下面的方程组：

$$
\begin{cases}
a_{11}x_1+a_{12}x_2+\cdots+a_{1n}x_n=r_1 \\
a_{21}x_1+a_{22}x_2+\cdots+a_{2n}x_n=r_2 \\
\qquad\qquad\vdots \\
a_{m1}x_1+a_{m2}x_2+\cdots+a_{mn}x_n=r_m
\end{cases}
\tag{3-19}
$$

现在需要一个 $m+n$ 维的价格向量：$\boldsymbol{p}=[p_1,\ \cdots,\ p_n;\ v_1,\ \cdots,\ v_m]$，满足下面的方程：

$$
\begin{aligned}
x_1&=F_1(p_1,\ \cdots,\ p_n;\ v_1,\ \cdots,\ v_m) \\
x_2&=F_2(p_1,\ \cdots,\ p_n;\ v_1,\ \cdots,\ v_m) \\
&\qquad\vdots \\
x_n&=F_1(p_1,\ \cdots,\ p_n;\ v_1,\ \cdots,\ v_m)
\end{aligned}
\tag{3-20}
$$

均衡时必须满足条件：

$$
\begin{aligned}
a_{11}v_1+a_{21}v_2+\cdots+a_{m1}v_m&=p_1 \\
a_{12}v_1+a_{22}v_2+\cdots+a_{m2}v_m&=p_2 \\
&\vdots \\
a_{1n}v_1+a_{2n}v_2+\cdots+a_{mn}v_m&=p_n
\end{aligned}
\tag{3-21}
$$

$$
\begin{aligned}
r_1&=G_1(p_1,\ \cdots,\ p_n;\ v_1,\ \cdots,\ v_m) \\
r_2&=G_2(p_1,\ \cdots,\ p_n;\ v_1,\ \cdots,\ v_m) \\
&\qquad\vdots \\
r_n&=G_1(p_1,\ \cdots,\ p_n;\ v_1,\ \cdots,\ v_m)
\end{aligned}
\tag{3-22}
$$

供给函数和需求函数不独立，它们满足以下关系：

$$
\sum_{j=1}^{n}p_jx_j\equiv\sum_{i=1}^{m}v_ir_i\ \text{或者}\ \sum_{j=1}^{n}p_jF_j\equiv\sum_{i=1}^{m}v_iG_i
\tag{3-23}
$$

通过求相对价格 $\left(p_k=\dfrac{p_k}{\sum\limits_{k=1}^{m+n}p_k}\right)$ 有：

$$
p_1+\cdots+p_n+v_1+\cdots+v_m=1
\tag{3-24}
$$

Dorfman 等（1958）并没有给出该方程的解[①]，不过举了几个数值算例，介

---

① 本章前一部分已经给出这个方程组的唯一解：$\boldsymbol{p}^*=[\underbrace{1,\cdots,1}_{m+n}]$。

绍了基于角谷静夫不动点定理的证明，并通过算例说明了 Walras-Cassel 模型存在唯一均衡解。以下用等效率原则检验其算例。

算例1：假设有以下线性经济系统，其 Walras-Cassel 方程如下，求其均衡解。

$$x_1+2x_2=2, \quad x_1=8/p_1, \quad v_1+3v_2=p_1$$
$$3x_1+4x_2=20, \quad x_2=10/p_2, \quad 2v_1+4v_2=p_2 \tag{3-25}$$

求解方程组得：

$$x_1=16, \quad x_2=-7$$

此解没有经济意义。

算例2：假设有以下线性经济系统，其 Walras-Cassel 方程如下，求其均衡解。

$$x_1+2x_2=10, \quad x_1=10/p_1, \quad v_1+4v_2=p_1$$
$$4x_1+5x_2=30, \quad x_2=1/p_2, \quad 2v_1+5v_2=p_2 \tag{3-26}$$

求解方程组得：

$$x_1=10/3, \quad x_2=10/3; \quad p_1=3, \quad p_2=3/10; \quad v_1=46/10, \quad v_2=19/10。$$

这次虽然有解了，但不是均衡解，因为均衡时任意两种商品的边际替代率相等且等于 1（完全竞争市场一般均衡时，只有一个价格）。显然，Dorfman 等（1958）并没有找到一个能说明均衡解存在的好算例。

其实按照本章给出的最优解 p^*，很容易构造出能求出一般均衡解的算例。

$$x_1+2x_2=12, \quad x_1=10/p_1, \quad v_1+4v_2=5p_1$$
$$4x_1+5x_2=45, \quad x_2=1/p_2, \quad 2v_1+5v_2=7p_2 \tag{3-27}$$

此算例中，$\boldsymbol{p}^* = [p_1, \ p_2, \ v_1, \ v_2] = [1, \ 1, \ 1, \ 1]$，$x_1=10$，$x_2=1$。

第三节　利用阿罗-德布鲁证明检验等效率原则

一、阿罗-德布鲁证明的基本假定

1. 基本假设

外生变量：

消费者 $i \in \{1, \ 2, \ \cdots, \ n\}$

商品 $j \in \{1, 2, \cdots, m\}$

要素禀赋 $\boldsymbol{\omega} = [\omega_1, \omega_2, \cdots, \omega_m] = \begin{bmatrix} \omega_{11} & \cdots & \omega_{1n} \\ \vdots & & \vdots \\ \omega_{m1} & \cdots & \omega_{mn} \end{bmatrix}$

偏好：

$\{\succeq\}_{i=1}^n = [\succeq_1, \succeq_2, \cdots, \succeq_n]$

消费数量：

$\boldsymbol{x} = [x_1, x_2, \cdots, x_n] = \begin{bmatrix} x_{11} & \cdots & x_{1n} \\ \vdots & & \vdots \\ x_{m1} & \cdots & x_{mn} \end{bmatrix}$

价格：

$\boldsymbol{p} = [p_1, p_2, \cdots, p_m]$

2. 瓦尔拉斯定律

超额需求函数：

消费者 $i \in \{1, 2, \cdots, n\}$ 的行为类似求解以下问题：

$$\max_{x_i} \boldsymbol{u}_i(\boldsymbol{x}_i); \quad \text{s. t.} \, \boldsymbol{px}_i = \boldsymbol{p\omega}_i \qquad (3\text{-}28)$$

也即每个消费者都在供求平衡下实现效用最大化。为了解决这个问题，定义总量超额需求函数：

$$z(\boldsymbol{p}) = \sum_{i=1}^n [\boldsymbol{x}_i(\boldsymbol{p}, \boldsymbol{pw}_i) - \boldsymbol{\omega}_i] \qquad (3\text{-}29)$$

其中，$\boldsymbol{x}_i(\boldsymbol{p}, \boldsymbol{p\omega}_i)$ 为消费者 i 的需求函数。

瓦尔拉斯定律：

对于任意一个价格向量 $\boldsymbol{p}$，有 $\boldsymbol{pz}(\boldsymbol{p}) = 0$，即所有超额需求均为 0。总超额需求函数两端同时乘以 $\boldsymbol{p}$ 有：

$$\boldsymbol{pz}(\boldsymbol{p}) = [\boldsymbol{px}_i(\boldsymbol{p}, \boldsymbol{p\omega}_i) - \boldsymbol{p\omega}_i] = 0 \qquad (3\text{-}30)$$

因为 $\boldsymbol{x}_i(\boldsymbol{p}, \boldsymbol{p\omega}_i)$ 必须满足预算约束 $\boldsymbol{px}_i = \boldsymbol{p\omega}_i (i = 1, \cdots, n)$。

二、瓦尔拉斯均衡的存在性证明

1. 瓦尔拉斯均衡的定义

假定有一个向量对 $(\boldsymbol{p}^*, \boldsymbol{x}^*)$，满足：

$$\sum_i \boldsymbol{x}_i(\boldsymbol{p}^*, \ \boldsymbol{p}^*\boldsymbol{\omega}_i) \leqslant \sum_i \boldsymbol{\omega}_i \tag{3-31}$$

称 p^* 是瓦尔拉斯均衡，如果没有正的超额需求。若 $z_j(p^*) < 0$，则 $p^* = 0$，某种超额供给的物品是免费的。若 $p_j = 0$，则超额需求 $z_j(p) > 0(j = 1, \cdots, m)$，表示如果商品足够便宜，会出现正的超额需求。当供求平衡时，$\boldsymbol{p}^*$ 是瓦尔拉斯均衡，$z(p^*) = 0$。

2. 瓦尔拉斯均衡的存在性

首先通过式（3-32）将价格向量标准化为相对价格：

$$p_j = \frac{\hat{p}_j}{\sum_{j=1}^m \hat{p}_j} \tag{3-32}$$

标准化后，相对价格之和为 1。因此，可以将注意力集中于以下的 $m-1$ 维单位单纯形：

$$S^{m-1} = \left\{ p \ in \ R_+^m : \ \sum_{i=1}^m p_i = 1 \right\} \tag{3-33}$$

根据布劳威尔不动点定理：如果从 $S^{m-1} \to S^{m-1}$ 的映射 f 是连续的，那么 S^{m-1} 中必有不动点 x，使得 $x = f(x)$。

若 $z: S^{m-1} \to R^m$ 是满足瓦尔拉斯定律的连续函数，$pz(p) = 0$，则 S^{m-1} 中存在 p^*，使得 $z(p^*) \leqslant 0$。

证明：

构造一个从 $S^{m-1} \to S^{m-1}$ 的映射 g：

$$g_i(p) = \frac{p_i + \max[0, \ z_i(p^*)]}{1 + \sum_{j=1}^m \max[0, \ z_j(p^*)]} \quad (i = 1, \cdots, m) \tag{3-34}$$

这个构造函数是连续的，因为 z 和最大值函数是连续的，而且 $g(p)$ 是单纯形 S^{m-1} 中的点，因为 $\sum_i g_i(p) = 1$。

根据布劳威尔不动点定理，存在一个 p^*，满足 $p^* = g(p^*)$：

$$g_i(p_i^*) = \frac{p_i^* + \max[0, \ z_i(p^*)]}{1 + \sum_{j=1}^m \max[0, \ z_j(p^*)]} \quad (i = 1, \cdots, m) \tag{3-35}$$

式（3-35）交叉相乘整理得：

$$p_i^* \sum_{j=1}^m \max[0, \ z_j(p^*)] = \max[0, \ z_j(p^*)] \quad (i = 1, \cdots, m) \tag{3-36}$$

两端同乘 $z_i(p^*)$ 得：

$$z_i(p^*)p_i^* \sum_{i=1}^{m} \max[0, z_i(p^*)] = z_i(p^*)\max[0, z_i(p^*)] \quad (i = 1, \cdots, m)$$

$$(3\text{-}37)$$

将上述 m 个方程两端同时求和：

$$\left\{ \sum_{j=1}^{m} \max[0, z_j(p^*)] \right\} \sum_{i=1}^{m} p_i^* z_i(p^*) = \sum_{i=1}^{m} z_i(p^*)\max[0, z_i(p^*)]$$

$$(3\text{-}38)$$

根据瓦尔拉斯定律，$\sum_{i=1}^{m} p_i^* z_i(p^*) = 0$，所以有：

$$\sum_{i=1}^{m} z_i(p^*)\max[0, z_i(p^*)] = 0 \qquad (3\text{-}39)$$

式（3-39）左端要么为 0，要么为 $z_i(p^*)^2$，因为右端为 0，所以必有：

$$z_i(p) = 0 \quad (i = 1, \cdots, m) \qquad (3\text{-}40)$$

三、基于等效率原则的证明

根据等效率原则，均衡时所有的消费者的效率 $\theta_i = \dfrac{Y_i}{I_i} = \dfrac{\boldsymbol{p}\boldsymbol{x}_i\ (p,\ p\omega_i)}{p\omega_i} = 1$，其

中 $i = 1, \cdots, n$。又由等效率原则知 $\boldsymbol{p} = \underbrace{[1, \cdots, 1]}_{m\uparrow}$，故有：

$$z_i(p) = \sum_{i=1}^{n} [x_i(p, p\omega_i) - \omega_i] = 0 \quad (i = 1, \cdots, m) \qquad (3\text{-}41)$$

对比式（3-41）和式（3-40），因为式（3-40）是充要条件，所以等效率原则也是阿罗-德布鲁框架下一般均衡的充要条件。

第四节　一般均衡的讨论

一、与帕累托最优和等效率原则比较

1. 帕累托最优

定义：x 是可行的，若有 $\sum_i x_i \leqslant \sum_i \omega_i$。

定义：一个可行配置，x 是帕累托有效的条件为：不存在可行配置 x'，使得 $\forall i$，$x'_i \succsim_i x_i$，且 $\exists i$，$x'_i \succ x_i$。

2. 等效率原则

定义：一个经济系统均衡时，所有产品的生产效率都相等，且等于 1。

在本章的证明中也有等式：$\sum_i x_i = \sum_i \omega_i$。

所有商品价格都为 1，相当于与价格无关。

3. 瓦尔拉斯均衡

定义：一个配置–价格对 (x, p) 是瓦尔拉斯均衡，如果满足以下条件：

第一，配置可行。

第二，每个消费者从其预算集出发，做最优选择：

$$\sum_i x_i = \sum_i \omega_i。$$

若消费者 i 偏好 x'_i 胜于 x_i，则有 $px'_i > p\omega_i$。

4. 公平公式

等效率原则等价于公平公式。等效率原则在一般均衡和帕累托最优的证明中都成立，可以看作等价命题，等效率原则和公平是完全一致的，而且与一般均衡也是等价的。

5. 对比讨论

帕累托有效定义：一个可行的分配是帕累托有效的，当且仅当没有其他可行的消费选择不劣于当前的消费选择，且无差异不恒成立。

瓦尔拉斯均衡的定义：瓦尔拉斯均衡指的是一种竞争性均衡，针对每一个个体，在约束条件下，任意更优的消费组合都是不可行的。

等效率原则：所有生产效率、消费效率都相等且等于 1，就是最优配置。

对比三个定义可以发现：

第一，三个定义都包含等式 $\sum_i x_i = \sum_i \omega_i$ [①]。这个等式的含义是在比较数量，与价格无关。

第二，帕累托最优定义中没有价格；等效率原则中也没有价格。

第三，埃奇沃思盒状图中，也没有价格的影子。

---

① 此式就是供给等于需求，阿罗–德布鲁的证明中也有此恒等式，很好地回应了对阿罗–德布鲁证明中没有经济学含量的批评。

如何理解价格等于 1 呢？因为在瓦尔拉斯模型和阿罗-德布鲁模型中，价格都是相对价格，也就是两个价格的比值，所以这个价格等于 1 应该是所有的价格都相等，且等于某一个价格。

二、基于 CAPM 的理解

资本资产定价模型（CAPM）是由美国学者威廉·夏普（1934 年—）在马科维茨均值方差模型基础上提出来的。该模型假定，证券投资市场上所有投资者都持有有效证券组合，那么此时，证券市场应该是均衡的。在此假定下，得到了一系列有价值的结论。他也因此贡献与马科维茨和米勒一起获得了 1990 年的诺贝尔经济学奖。

事实上，投资收益率通常都是不确定的，用数学语言描述就是随机变量。从某种意义上说，所有投资的收益率都具有一定的不确定性。CAPM 则是关于不确定条件下的证券市场均衡的相关研究结果。当证券市场不确定性消失的时候，证券市场的均衡就会转变成完全竞争市场的一般均衡。

若资本市场上所有投资者都持有马科维茨意义上的有效证券组合，夏普由此得到了以下结果，当资本市场均衡时，证券 i 的风险溢价为：

$$E(r_i) - r_f = \beta_i [E(r_m) - r_f] = \frac{Cov(r_i, r_m)}{\sigma_m^2} [E(r_m) - r_f] \tag{3-42}$$

其中，$E(r_i)$，$E(r_m)$ 分别是证券 i 和市场证券组合的期望收益率，r_f 为无风险证券收益率，$Cov(r_i, r_m)$ 为证券 i 与市场证券组合收益率之间的协方差，σ_m^2 是证券市场组合收益率的方差。

当所有投资项目收益率不相关时，$Cov(r_i, r_m) = 0$，则证券 i 的投资效率为：

$$\theta_i = \frac{E(r_i)}{r_f} = 1 \quad (i = 1, \cdots, n) \tag{3-43}$$

式（3-43）表明，此时 CAPM 就转换成了一般均衡状态（效率都相等且等于 1 是一般均衡的充要条件），因此一般均衡时，所有的企业投资收益率都等于无风险资产收益率。

为了保险起见，以下证明：均衡价格一定是经济中最小的价格。假定 $r_{\min}$ 是经济中的最小价格。

现在经济中存在一组均衡价格：$p^* = [p_1, p_2, \cdots, p_n]$，使得总产出：

$$Y = P_1 D_1 + \cdots + P_n D_n \tag{3-44}$$

有 n 维向量 $r=[r_{min}, \cdots, r_{min}]$，则因生产函数是零度齐次的，又因为 n 维元素全为 1 的向量是均衡解，所以有：

$$Y=r_{min}D_1+\cdots+r_{min}D_n \qquad (3-45)$$

所以有：

$$0=(p_1-r_{min})D_1+\cdots+(p_n-r_{min})D_n \qquad (3-46)$$

对于 $\forall i \in \{1, \cdots, n\}$ 上式括号内所有 (p_i-r_{min})，D_i 非负，因此必有：$P^*=r_{min}$。无风险资产收益率是市场上最低的收益率，因此也是均衡时唯一的价格。

尽管 CAPM 揭示的证券市场均衡与一般均衡并不完全相同，但给出了一般均衡是价格等于 1 的确切含义：一般均衡时，市场上所有商品和生产要素的价格都等于无风险资产利率。这个结论是合乎逻辑的，因为无风险资产利率是所有资产中收益率最低的，也应该是完全竞争市场长期均衡时的正常利润。这与完全竞争市场长期均衡的相关结论逻辑上是自洽的。

三、从瓦尔拉斯资本形成和信用理论看均衡价格

瓦尔拉斯考虑了资本形成和信贷经济中的四个独立市场：服务、消费、新的资本货物、由永久净收入组成的抽象商品（E）。后者是储蓄的表现。

在这里，就像在交换和生产经济中一样，新的资本货物和商品（E）根据自由竞争规则进行交换，它们的价格（分别为价格和净收入率）以计价方式表示。此外，新的资本货物和商品（E）的均衡价格是由供求规律确定的：有效需求和有效报价之间的关系，以及产品的销售价格（需求价格）与其生产成本（供给价格）之间的关系。后者与消费品一样被确定。但是，瓦尔拉斯对资本货物售价的确定不同于对消费品的确定，给定的具体资本货物（比如 k）的售价如下：

$$\prod^{k} = p^k/(i + \mu^k + v^k) \qquad (3-47)$$

其中，$\prod$ 是资本货物销售价格；p 是资本货物的总收入，即包括折旧费和保险费在内的服务价格；i 是净收入率，对所有资本货物都是一样的；μ 是折旧费率，会因不同的资本货物而异；v 是保险费的费率，也会随着资本货物的不同而不同。

另外，为了购买资本货物，个人的收入必须超过他们购买的消费品和服务，并且他们的总和大于处于相反位置的人的总和，即他们的消费超过他们的收入。瓦尔拉斯表示，当正盈余大于折旧和保险所需的金额时，个人就会储蓄。为了将

这个新术语——储蓄转换为一个全面的术语，类似于其他消费品，瓦尔拉斯引入了一种抽象（理想）商品（E），由价格 $p_e = 1/i$ 的永久净收入组成，其中 i 是净收入率。这意味着每个人对商品（E）都有一定的需求。因此，需求（d_e）或供给（o_e），以及其他资本服务，其数量是通过其效用函数的最大满足条件获得的。

在描述瓦尔拉斯关于资本形成和信用的一般均衡系统之前，有必要强调一下，瓦尔拉斯理论的共同方法表明，起始模型必须是个人选择模型，使商品和服务的效用最大化。后者解的结果构成方程组的基本信息。

在资本形成和信贷，以及交换经济和生产经济中，瓦尔拉斯首先制定了一般均衡状态的宏观模型，然后描述了它的建立过程。资本形成和信贷的一般均衡状态模型是生产经济的一般均衡状态模型的扩展版本。新资本货物的数量和价格、总储蓄及其价格以及相应的方程系统还有其他未知数。因此，可以制定出描述资本形成和信贷的一般均衡状态的瓦尔拉斯原始方程系统（Davar，2000），它由八个系统组成。

（1）产品和服务总供给的 n 个方程：

$$O_j^t = F_j^t(p_2, p_3, \cdots, p_m; p_1^t, \cdots, p_t^t; p_1^p, \cdots, p_k^p; p_1^k, \cdots, p_l^k, p_e) = \sum o_j^t - d_j^t \tag{3-48}$$

其中，$j = 1, \cdots, t$。

$$O_j^p = F_j^p(p_2, p_3, \cdots, p_m; p_1^t, \cdots, p_t^t; p_1^p, \cdots, p_k^p; p_1^k, \cdots, p_l^k, p_e) = \sum o_j^p - d_j^p \tag{3-49}$$

其中，$j = 1, \cdots, p$。

$$O_j^k = F_j^k(p_2, p_3, \cdots, p_m; p_1^t, \cdots, p_t^t; p_1^p, \cdots, p_k^p; p_1^k, \cdots, p_l^k, p_e) = \sum o_j^k - d_j^k \tag{3-50}$$

其中，$j = 1, \cdots, k$。

（2）产品和服务总需求的 m 个方程：

$$D_i = F_i(p_2, p_3, \cdots, p_m; p_1^t, \cdots, p_t^t; p_1^p, \cdots, p_k^p; p_1^k, \cdots, p_l^k, p_e) = \sum x_i \tag{3-51}$$

$$D_1 = \sum O_j^t p_j^t + \sum O_j^p p_j^p + \sum O_j^k p_j^k - \left(\sum D_i p_i - E \right) \tag{3-52}$$

其中，$i = 1, \cdots, m$。

（3）总需求超过收入（超额需求）的 1 个方程：

$$E = D_e p_e = F_e(p_2, p_3, \cdots, p_m; p_1^t, \cdots, p_t^t; p_1^p, \cdots, p_k^p; p_1^k, \cdots, p_l^k, p_e) p_e$$

$$=F_e(p_2, p_3, \cdots, p_m; p_1^t, \cdots, p_t^t; p_1^p, \cdots, p_k^p; p_1^k, \cdots, p_l^k, i)$$

$$(3-53)$$

（4）使用的生产性服务总量（需求）与有效供给生产的总量之间的 n 个等式系统：

$$\sum a_{ji}^t D_i + \sum a_{jj}^t D_j^k = O_j^t \quad (j=1, \cdots, t) \qquad (3-54)$$

$$\sum a_{ji}^p D_i + \sum a_{jj}^t D_j^k = O_j^p \quad (j=1, \cdots, k) \qquad (3-55)$$

$$\sum a_{ji}^k D_i + \sum a_{jj}^k D_j^k = O_j^k \quad (j=1, \cdots, l) \qquad (3-56)$$

（5）表达产品售价等于生产或服务成本的 m 个方程：

$$\sum O_j^t p_j^t + \sum O_j^p p_j^p + \sum O_j^k p_j^k = p_i \quad (i=1, \cdots, m) \qquad (3-57)$$

其中，$p_i = 1$。

（6）新资本货物的销售价格与其生产成本相等的 l 个方程：

$$\sum a_{jj}^t p_j^t + \sum a_{jj}^p p_j^p + \sum a_{jj}^k p_j^k = p_j \quad (i=1, \cdots, l) \qquad (3-58)$$

（7）新资本货物总额与总收入超过消费价值相等的 1 个方程：

$$\sum D_j^k p_j = E \qquad (3-59)$$

（8）所有真实货物净收入率归一化的 l 个方程：

$$P_j = p_j^k / (i+\mu_j+v_j) \quad (j=1, \cdots, l) \qquad (3-60)$$

以上这些系统方程描述了均衡情况，因为根据瓦尔拉斯的说法，将保留 $2n+2m+2l+1$ 个方程来准确确定 $2n+2m+2l+1$ 个未知数。这意味着方程（3-48）至方程（3-60）描述了资本形成的最终一般均衡情况。瓦尔拉斯在资本形成中达到这种均衡状态，与之前达到均衡的方式完全相同，首先是在交换中，然后是在生产中。新的资本货物市场扩大了生产，而对于后者，市场均衡的建立与以前的市场一样，换句话说，通过生产的手段。瓦尔拉斯认为制造新资本货物的企业家使用票证来表示这些产品的连续数量，这些产品首先是随机确定的，然后根据销售价格的超出而增加或减少成本，反之亦然，直到售价和成本相等。

根据本章前面给出的一般均衡价格，可知在方程（3-54）至方程（3-56）中：

$$P_j = 1 \quad (j=1, \cdots, l) \qquad (3-61)$$

这意味着：

$$p_j^k = i+\mu_j+v_j \quad (j=1, \cdots, l) \qquad (3-62)$$

瓦尔拉斯在交换和生产方程中没有考虑折旧和保险，因此把资本形成和信贷纳入方程系统的时候也不应该考虑，否则方程的分析标准就不一致了。当然也可以重新描述生产方程和消费方程，不过这显然不可能了。因此 μ_j，v_j 这两项应该去掉。这样就得到了带有资本形成和信贷的瓦尔拉斯方程均衡解：

$$p_j^k = i \quad (j=1，\cdots，l) \tag{3-63}$$

按照瓦尔拉斯的定义，i 是对所有资本货物都一样的净收入率。此结论与 CAPM 中资本市场均衡时，所有资产的收益率都等于无风险资产收益率的结论完全一致。

四、效用函数在均衡价格计算中的作用讨论

效用是指对于消费者对各种商品和服务的消费或投资的相对满意度的度量，也可以看作对快乐和幸福程度的衡量。各种计算一般均衡的方法中[1]，效用函数都起到了关键的作用。可以说，如果没有具体的效用函数形式，这些模型中所谓的均衡价格根本无法计算。如果给定了效用函数，还是一般均衡吗？一个市场或者一个国家的经济会按照某种具体的效用函数趋向均衡吗？事实上，效用函数在均衡价格求解中起到了约束条件的作用，把本来相等的均衡价格变成了不等。笔者认为，关于效用函数有几点需要注意。

1. 效用函数是建构理性

按照哈耶克的观点：市场竞争和均衡属于自发秩序，效用函数的具体形式则无疑属于建构理性，是哈耶克所深恶痛绝的。一个具体的效用函数，就相当于一种具体的快乐和幸福模式。人们追求快乐和幸福是没有问题的，但规定了快乐和幸福的具体数学形式就有问题了，因为没有人愿意按照别人给的幸福模式去生活，这意味着不自由。一般均衡价格是一个固定值（唯一解），但计量经济学家们却在效用函数的帮助下计算出了各种均衡价格。这正符合了那则寓言：理论经济学家证明了房间里一定有一只猫，但不知道这只猫是什么样子，他们管这种证明叫存在性证明。计量经济学家们则声称他们找到了那只猫，当然是在想象（虚构效用函数）的帮助下。

2. 快乐和幸福没有统一的模式

自由竞争是市场趋向均衡的必要条件。自由则意味着没有统一的行为模式，人们按照各自的方法寻求最大的快乐和幸福，也就是追求效用最大化。

---

[1] 比如可计算的一般均衡（Computable General Equilibrium，CGE）模型。

追求效用最大化只是一个共同努力的方向，但通往快乐和幸福的道路不是只有一条。给定了一个具体的效用函数，就等于规定了一条通往快乐和幸福的必经之路，这不是经济学家的工作。

3. 产出最大是效用最大的必要条件

有生产，才有消费。产出最大才是经济的直接目标，也是效用最大化的必要条件。只要产出没有被浪费，而且被消费者以最佳的方式消费掉，就会实现总体效用最大化。这正是均衡即公平的最好诠释。

第五节　利用纳什均衡的证明检验等效率原则

一、纳什均衡的证明

1. 基本假设

局中人 i：$i \in N$，$N = \{1, 2, \cdots, n\}$。

行为集：A_i 表示局中人 i 的全部可行行为的集合。若 a_i 是局中人 i 的一个行为（也称为纯策略），则称向量 $a = (a_1, a_2, \cdots, a_n)$ 为 n 个局中人的行为局势。向量 $A = (A_1, A_2, \cdots A_n)$，$a \in A$。

效用函数：对任意局势，每个局中人都能得到一个效用值 H_i，$H_i : a \rightarrow R$ 是局中人 i 的效用函数，向量 $H = (H_1, H_2, \cdots, H_n)$。

说明：

效用是局势（而非行为或策略）的实值函数，是局中人衡量得失的重要指标。

假设局中人 i 和 j 分别有 m 和 n 个纯策略，则两人的纯策略集分别为 $A_i = \{\alpha_1, \alpha_2, \cdots, \alpha_m\}$，$A_j = \{\beta_1, \beta_2, \cdots, \beta_n\}$。效用函数分别为 $H_i(a)$，$H_j(a)$。

两个局中人总共可以形成 $m \cdot n$ 个局势 (α_k, β_l)。

2. 定义

混合策略：$(N, \{A_i\}, \{H_i\})$ 是一个标准形式的博弈，设 $\prod(X)$ 是 X 上所有概率分布的集合，则称局中人 i 的混合策略集为 $S_i = \prod(A_i)$。全体混合策略的

集合 S 可表示为各个局中人混合策略集的笛卡儿乘积，$S = S_1 \times S_2 \times \cdots \times S_n$。

混合策略的期望效用： 给定一个标准博弈 $G = (N, \{A_i\}, \{H_i\})$，对于混合策略局势 $s = (s_1, s_2, \cdots s_n)$，局中人 i 的期望效用为：

$$u_i(s) = \sum_{a \in A} H_i(a) \prod_{j=1}^{n} s_j(a_j) \qquad (3\text{-}64)$$

说明：

混合策略的期望效用是每个行为的效用乘以对应的概率，然后累加。

一个 n 人非合作对策可以用元组 $G = (N, S, H)$ 表示，并引入记号：

$$s \parallel s_i^* = \{s_1, \cdots, s_{i-1}, s_i^*, s_{i+1}, \cdots, s_n\} \qquad (3\text{-}65)$$

表示在局势 $s = (s_1, s_2, \cdots s_n)$ 中，局中人 i 将策略 s_i 更换成 s_i^* 且其他人策略不变时，得到的一个新局势。

平衡局势： 如果局势 s 对所有局中人都有利，即对任意 $i \in N$，$s_i^* \in S_i$，有：$H_i(s) \geqslant H_i(s \parallel s_i^*)$，则称 s 为 n 人非合作对策 G 的一个平衡局势（均衡点）。

纳什均衡： 给定一个博弈 $G = (N, S, u)$，对于混合局势 $s = (s_1, s_2, \cdots, s_n)$，若任意局中人 $i \in N$，任意 $s_i^* \in S_i$，均满足 $H_i(s) \geqslant H_i(s \parallel s_i^*)$，则称 s 是 n 人非合作博弈 G 的纳什均衡。

3. 引理

对于 n 人非合作博弈 $G = (N; \{S_i\}, i \in N; \{u_i(s)\}, i \in N)$，$s$ 是平衡局势的充要条件是 $u_i \geqslant u_i(s \parallel a_i)$，$a_i \in A_i$，$i \in N$。

证明： 必要性是显然的，故只证明充分性。

局中人 i 任取一个混合策略 $s_i = [s_i(a_1), s_i(a_2), \cdots, s_i(a_{m_i})]$，其中 m_i 表示混合策略 s_i 对应局中人 i 的 m_i 种行为，$s_i(a_j)$ 表示对应行为 a_j 的概率。

$$u_i(s \parallel s_i) = \sum_{j=1}^{m_i} u_i(s \parallel a_j) s_i(a_j) \leqslant \sum_{j=1}^{m_i} u_i(s) s_i(a_j) = u_i(s) \qquad (3\text{-}66)$$

该引理的作用在于，可以将纳什均衡的判别条件放宽，无论局势是混合策略还是纯策略，都可判定一个策略是否为纳什均衡。

4. 纳什均衡定理

任何有限非合作博弈在混合策略意义下，一定至少存在一个纳什均衡。

证明： 给定一个混合策略局势 $s \in S$，对于任意 $i \in N$，$a_i \in A_i$，定义：

$\varphi_{i,a_i}(s) = \max\{0, u_i(s_i \parallel a_i) - u_i(s)\}$，表示改变策略的倾向。构造一个映射 $S \rightarrow S$，$f(s) = s'$，其中：

$$s'_i(a_i) = \frac{s_i(a_i) + \varphi_{i,a_i}(s)}{\sum_{b_i \in A_i} s_i(b_i) + \varphi_{i,b_i}(s)} = \frac{s_i(a_i) + \varphi_{i,a_i}(s)}{1 + \sum_{b_i \in A_i} \varphi_{i,b_i}(s)} \qquad (3-67)$$

因为 $\varphi_{i,b_i}(s)$ 是连续的，所以 f 连续；S 为紧凸集，$f: S \to S$，所以根据布劳威尔不动点定理的推论，f 至少有一个不动点 s，使得 $f(s) = s$。

下面证明 f 的不动点 s 是纳什均衡点。首先容易验证，若 s 是一个纳什均衡，全部 $\varphi = 0$，则 s 是 f 的不动点。

现在反过来，考虑 f 的任意一个不动点 s，根据期望的线性性质，混合策略中至少有一个 a'_i 满足 $u_{i,a'_i}(s) \leqslant u_i(s)$，根据 φ 的定义可知，$\varphi_{i,a'_i}(s) = 0$。

因为 s 是 f 的不动点，所以有 $s'_i(a'_i) = s_i(a'_i)$。考虑 $s'_i(a'_i)$ 的表达式：

$$s'_i(a'_i) = \frac{s_i(a'_i) + \varphi_{i,a'_i}(s)}{1 + \sum_{b_i \in A_i} \varphi_{i,b_i}(s)} = \frac{s'_i(a'_i)}{1 + \sum_{b_i \in A_i} \varphi_{i,b_i}(s)} \qquad (3-68)$$

式（3-68）左右两侧分子相同且不为 0，故分母为 1。因此对于任意的 $i \in N$，$b_i \in A_i$ 有 $\varphi_{i,b_i}(s) = 0$。根据引理可知：局势 s 是一个纳什均衡。

二、基于等效率原则的纳什均衡的证明

局中人 i 用策略 a_i 替代 s_i，付出的成本是 $u_i(s)$，得到的收益是 $u_i(s \| a_i)$，因此局中人 i 采用策略 a_i 的效率为 $\theta_i = \dfrac{u_i(s \| a_i)}{u_i(s)}$。令 $U = \sum_{i=1}^{n} u_i(s \| a_i)$，$V = \sum_{i=1}^{n} u_i(s)$。求解以下模型：

$$\max \sum_{i=1}^{n} \theta_i u_i(s)$$
$$\text{s.t.} \sum_{i}^{n} u_i(s) = V \qquad (3-69)$$

该模型目标函数最大的必要条件：$\theta_1 = \theta_2 = \cdots = \theta_n$。

当 $U = V$ 时，$\theta_i = 1$；$i = 1, \cdots, n$。其含义是局中人的策略调整，不改变局势 s 的总收益。$\theta_1 = \theta_2 = \cdots = \theta_n = 1$ 是 $U = V$ 时模型目标函数最大的充要条件。

对于 n 人非合作博弈：$G = (N; \{S_i\}, i \in N; \{u_i(s)\}, i \in N)$，$s$ 若满足等效率原则，则有：

$$\theta_i = \frac{u_i(s \| a_i)}{u_i(s)} = 1 \quad i \in N, \ a_i \in A_i \qquad (3-70)$$

代入定义式 $\varphi_{i,a_i}(s) = \max\{0, u_i(s_i \| a_i) - u_i(s)\}$ 后，立刻有 $\varphi_{i,a_i}(s) = 0$，因为 $\varphi_{i,a_i}(s) = 0$ 是纳什均衡的充要条件，而 $\theta_1 = \theta_2 = \cdots = \theta_n = 1$ 是 $\varphi_{i,a_i}(s) = 0$ 的充要条件，因此也是纳什均衡的充要条件。

三、纳什均衡与一般均衡的关系

纳什均衡和一般均衡有没有关系，是什么关系？一直是人们感兴趣，但还没有定论的问题。

对比基于等效率原则的纳什均衡和一般均衡证明过程，可以发现：纳什均衡和一般均衡都是效率相等且等于1。不同的是一般均衡的效率是生产效率等于消费效率（相当于拍卖中的估值与出价之比），而纳什均衡的效率是某一策略的赢得与因采用该策略而放弃的策略的赢得（机会成本）之比。纳什均衡时这个比值为1，表示在纳什均衡中局中人选择的机会成本等于其所做选择的赢得。因为 $\theta_1 = \theta_2 = \cdots = \theta_n = 1$ 是纳什均衡的充要条件，因此可以用这个充要条件来求解和证明纳什均衡的相关问题。

举例：求解小偷警卫博弈。一警卫看守一个仓库，一小偷要在夜晚去偷仓库的东西。但是警卫有可能晚上睡觉也可能不睡：如果警卫睡觉，小偷偷窃就会成功，他将获得正效用 V，由于警卫失职，警卫将获得负效用 $-D$；如果警卫不睡，警卫能抓住小偷，小偷将获得负效用 $-P$；小偷也有可能不去偷，那样警卫如果睡觉，他获得正效用 S。所以警卫有睡和不睡两种选择策略，小偷也有偷和不偷两种选择策略。

基于等效率原则的解法：设警卫选择睡觉的概率为 p，小偷下手的概率为 q。因为纳什均衡时，小偷和警卫的效率分别为各自的期望收益和期望成本（损失）之比，数值上应该都等于1。所以应有：

警卫

		睡觉 p		不睡 $1-p$	
偷	q	V	$-D$	$-P$	0
不偷	$1-q$	0	S	0	0

（小偷）

小偷的效率：$\dfrac{pV}{(1-p)P}=1$；警卫的效率：$\dfrac{(1-q)S}{qD}=1$。

解得：警卫睡觉的概率 $p=\dfrac{P}{V+P}$，小偷偷的概率 $q=\dfrac{S}{D+S}$。

本章小结

本章的主要工作和结论如下：

第一，通过比较瓦尔拉斯均衡的前提假定和完全竞争市场及其长期均衡时的性质和特点，得出了瓦尔拉斯的多个市场都是完全竞争市场，进而通过生产要素自由流动等假定，得到一个结论：多个只有一种商品的完全竞争市场与一个有多种同质商品的完全竞争市场是等价的，因为所有商品之间都是完全替代的。

第二，根据等效率原则，给出了瓦尔拉斯均衡模型的一个解，证明了该解对于一般均衡的充分性、必要性和唯一性。在此基础上，比较了一般均衡、帕累托最优、等效率原则和公平公式，结论是在效率等于 1 时，公平和均衡同时存在。

第三，CAPM 是揭示证券市场均衡规律的模型，当市场上所有证券都不相关时，CAPM 应该等价于一般均衡，由此得到了一般均衡时，所有资产的价格都等于无风险资产收益率。基于这一考虑，指出了一般均衡模型中的相对价格（价格比）等于 1 的含义是所有资产的收益率都等于无风险资产收益率。

第四，通过瓦尔拉斯考虑资本形成和信贷的另一套方程组，得到了均衡价格就是瓦尔拉斯定义的所有资产的收入率（Rate of Income），与资本市场均衡时所有资产价格等于无风险资产利率的结论形成了闭合的证据链。需要说明的是无风险资产收益率和瓦尔拉斯的资产收入率都是经济系统中全局最小价格，这与本章的研究结论一致。

第五，简要回顾了阿罗-德布鲁的一般均衡证明。将根据等效率原则得到的一个所有元素都是 1 的解向量，代入阿罗-德布鲁为应用布劳威尔不动点定理构造的函数，得到了与阿罗-德布鲁相同的结论——超额需求为 0。

第六，简要回顾了纳什均衡的证明过程，采用等效率原则的证明方法，定义局中人当前策略收益与采用新策略的机会成本之比为局中人的博弈效率，在局中人改变策略前后，局势总收益不变的假定下，证明了所有局中人的效率都为 1，是纳什均衡的充要条件。其中的道理是非常明了的：博弈均衡时局中人都不愿意改变当前策略是因为没有更好的选择，也就是说其余策略的赢得都不大于当前策略的赢得，最多是等于当前策略的赢得，此时博弈效率等于 1，也就是纳什均衡。

第七，讨论了纳什均衡和一般均衡的联系与区别。联系是两种均衡下，等效率（效率等于 1 时）原则都是充要条件。区别是效率计算方法不同，一般均衡中的效率是生产效率和消费效率，而纳什均衡中计算的是策略的收益与机会成本之比（博弈效率）。最后，以小偷警卫博弈为例，验证了基于等效率原则的混合策略纳什均衡解法。

本章参考文献

［1］ Arrow K J, Debreu G. Existence of an Equilibrium for a Competitive Economy ［J］. Econometrica, 1954, 22 (3)：256-290.

［2］ Davar E. Leontief and Walras：Input-Output and Reality ［C］. Macerata：13th International Conference on Input-Output Techniques, 2000.

［3］ Dorfman R, Samuelson P A, Solow R M. Linear Programming and Economic Analysis ［J］. Journal of Farm Economics, 1958, 40 (3)：772-774.

［4］ Geanakoplos J, Shubik M. The Capital Asset Pricing Model as a General Equilibrium with Incomplete Markets ［J］. The Geneva Papers on Risk and Insurance Theory, 1990, 15 (1)：55-71.

［5］ Jiang A, Leyton-Brown K. A Tutorial on the Proof of the Existence of Nash Equilibria ［R］. 2007.

［6］ McKenzie L. On Equilibrium in Graham's Model of World Trade and Other Competitive Systems ［J］. Econometrica, 1954, 22 (2)：147-161.

［7］ McKenzie L. Specialisation and Efficiency in World Production ［J］. Review of Economic Studies, 1954, 21 (3)：165-180.

［8］ Nash J. Non-Cooperative Games ［J］. Annals of Mathematics, 1951, 54

（2）：286-295.

　　［9］Walras L，Walker D A，Daal J V. Elements of Theoretical Economics or the Theory of Social Wealth［J］. History of Economic Ideas，2015，23（2）：215-218.

　　［10］哈耶克．个人主义与经济秩序［M］.邓正来，译．北京：生活·读书·新知三联书店，2003.

　　［11］莱昂·瓦尔拉斯．纯粹经济学要义［M］.蔡受百，译．北京：商务印书馆，2011.

　　［12］王一川．基于等效率原则的一般均衡研究［D］.大连：大连理工大学，2022.

第四章　阿莱可分配剩余与等效率原则

一个把平等放在自由之上的社会，最终将既得不到平等，也得不到自由。

——米尔顿·弗里德曼

莫里斯·阿莱（1911—2010 年）出生于法国巴黎，是法国著名经济学家，主要研究领域为市场理论与资源的分配效率，曾经提出阿莱悖论，他是 1988 年诺贝尔经济学奖的得主。可分配剩余的概念由莫里斯·阿莱提出（Allais，1981）。阿莱的贡献是多方面的，在一般经济演进和一般均衡、最大效率研究中，阿莱证明了两个基本命题：市场经济的任何均衡状态都是效率最高的状态；反之亦然，任何效率最高的状态都是市场经济的均衡状态（等价定理）（王宏昌和林少宫，2008）。这个结论显然与等效率原则具有较大的一致性，本章首先介绍阿莱的可分配剩余理论，然后与等效率原则对比，证明两者的一致性。

第一节　阿莱可分配剩余理论简介

一、经济效率分析

阿莱认为，一般均衡理论要研究两个基本问题：第一，经济的运行是否导致均衡，均衡的条件是什么？这个均衡是稳定的吗？第二，能否把这种均衡看成最优状态，或者反过来说，最优状态是否包含了经济均衡？

为了回答这些问题，阿莱采用了一种不同于瓦尔拉斯体系的新的技术路线。引入了可分配剩余的定义，来分析从经济运行中获得的利益。这里所说的剩余是指，在保证所有偏好指标不变的情况下，通过经济的调整可能获得的商品数量。当消费单位和生产单位的边际等式不同时，就有可能产生剩余。

1. 可分配剩余

考虑经济的任何初始状态 E_3，它可能是最大效率状态，也可能不是。消费单位的序数偏好指标：

$$I_i = I_i(A_i, \ B_i, \ \cdots, \ C_i) \tag{4-1}$$

令 dE_1 是可行的修正，它把状态 E_1 转换为 E_2，偏好指标变成：

$$I_i + \delta I_i = I_i(A_i + \delta A_i, \ B_i + \delta B_i, \ \cdots, \ C_i + \delta C_i) \tag{4-2}$$

定义第三种状态 E_3：只对货物 A 的消费做一个修正 $\delta\sigma_A^i$，使所有偏好恢复到初始值，可以得到：

$$I_i(A_i + \delta A_i - \delta\sigma_A^i, \ B_i + \delta B_i, \ \cdots, \ C_i + \delta C_i) = I_i(A_i, \ B_i, \ \cdots, \ C_i) \tag{4-3}$$

可以说状态 E_3 和 E_1 是同等享受。在这个状态转移过程中，下述数量的货物 A 是免费的。所有消费单位都认为它们处于同等满意的位置。$\delta\sigma_A$ 就是可分配的剩余。

$$\delta\sigma_A = \sum_i \delta\sigma_A^i \tag{4-4}$$

如果假定连续性和可微性，则剩余的表述可由经济的边际修正导出。用一种货物 U 的单位表示[①]：

$$d\sigma_U = \sum_U \sum_{i, j}^{i<j} \frac{v^i - v^j}{u} dV_{ij} \tag{4-5}$$

其中，$\sum_i dV_i = 0, \ \cdots, \ \sum_i d\omega_i = 0$。

当 V_i 为正的时候，表示一个消费单位或者生产单位的消费量或生产量，参数 dV_{ij} 是单位 i 从单位 j 那里得到的 V 的数量。参数 v^i 表示当货物 U 的单位作为所有交易者的价值单位时，V 对单位 i 的边际价值。

经济均衡和效率最大化的条件是 $d\sigma_U \leqslant 0$。

运用上面的符号，V 既表示消费品 A，B，$\cdots$，C，又表示生产要素 X，Y，$\cdots$，Z，剩余的一阶导数可记为：

$$d\delta_u = \frac{dI_i}{\dfrac{\partial I_i}{\partial U_i}} \tag{4-6}$$

---

① 阿莱认为式（4-5）在一个公式中总结了边际主义者所有的研究成果。

如果 $d\sigma_U = 0$ 对经济的任何可能修正都成立，则二阶导数可表示为：

$$d^2_{\sigma_U} = \sum_i \frac{d^2 I_{i,\,u}}{\dfrac{\partial I_i}{\partial U_i}} + \sum_j \frac{d^2 f_{j,\,u}}{\dfrac{\partial f_j}{\partial U_j}} \tag{4-7}$$

其中，符号 $d^2 g$ 表示函数中所有变量都独立时，函数 g 的二阶导数。$d^2 g_U$ 表示 dU 用其从 $dg = 0$ 中导出的表达式替代后，这个二阶导数的数值。

2. 与帕累托剩余的比较

阿莱认为，帕累托剩余可以表示为：

$$\delta S_A = \sum \delta S_A^i \tag{4-8}$$

$$I_i(A_i + \delta A_i - \delta\sigma_A^i,\ B_i + \delta B_i,\ \cdots,\ C_i + \delta C_i) = I_i(A_i + \delta_A^i,\ B_i,\ \cdots,\ C_i) \tag{4-9}$$

尽管类似于式（4-3）和式（4-4），但经济意义有所不同。对比可知：

$$dS_A^i = d\sigma_A^i \tag{4-10}$$

$$dS = d\sigma \tag{4-11}$$

$$d^2 S_A^i \neq d^2 \sigma_A^i \tag{4-12}$$

只有当 $dS_A^i = 0$ 时，二阶导数才相等[①]。

3. 等边际原则

式（4-5）中，令 $u = 1$ 改写成以下形式[②]：

$$d\sigma_u = \sum_v^w \sum_{i,\,j}^{i<j} (v_i - v_j) dV_{ij} \tag{4-13}$$

其中，v_i 和 v_j 是货物 V 对单位 i 和 j 的边际价值。当满足效率最大和均衡条件 $d\sigma_U = 0$ 时，对于经济人 k 所有货物的价格为 u，v，$\cdots$，w，货物对经济人 k 的边际价值为 g'_{ku}，g'_{kv}，$\cdots$，g'_{kw}，则下列等式成立：

$$\frac{g'_{ku}}{u} = \frac{g'_{kv}}{v} = \cdots = \frac{g'_{kw}}{w} \tag{4-14}$$

这些等式将一般等边际原则浓缩为一个单一的表述。它们表达了这样一个事实，即在均衡和最大效率的情况下，最后一美元的心理（或客观）价值对于任何经济人（消费或生产单位）来说都是相同的，无论它被用于什么用途。

4. 损失估计

关于某种商品可以用于分配的最大潜在剩余，可以定义如下：在给定条件

---

① 这个结论应该是错的，一阶导数为 0，说明是常数，再求二阶导数没有意义。

② 《新帕尔格雷夫经济学大辞典》中的形式。

下，即自然资源和现有的生产设备数量是已知的，而且不同消费单位的偏好指标也是确定的，某种商品可分配剩余的最大值，就是在经济偏好保持不变的情况下，所能得到的那种商品的最大数量。这个数量表示了一种该情况下经济的绝对损失。

针对经济状态 E_1，以货物 A 作价的损失等价于从状态 E_1 中得到的最大可分配收入，它就是最大可分配剩余。由式（4-5）可以给出初始状态中的损失估计：

$$\delta\sigma = \frac{1}{2} \sum_v \sum_{i,j}^{i<j} (v^i - v^j) dV_{ij} \tag{4-15}$$

二、阿莱的均衡分析

1. 均衡的类型

阿莱认为到他为止，均衡的定义共有三种。第一种是瓦尔拉斯的定义：如果对相应的一组价格，每种商品的总需求等于总供给，那么任意的初始状态都有一个相应的均衡状态。第二种是埃奇沃思的定义：如果对于任意给定的偏好指标值，每一个偏好指标都是极大化的，那么就存在着均衡。第三种就是阿莱提出的定义：如果在所考虑的状态下，对任意一种商品都没有潜在剩余的话，则存在均衡。

2. 等价定理

经济均衡状态和效率最大化状态是等价的。实际上是给出了福利经济学第一定理和第二定理的等价命题。

任何状态的经济一般均衡都是效率最大的（等价于第一定理）。任何最大效率状态都是稳定的一般均衡状态（等价于第二定理）。

阿莱称他在 1943 年的著作中，证明了这个命题。不过，Courtault 和 Tallon（2000）认为阿莱没有给出证明，不仅如此，他也没有提出什么效率的计算公式（阿莱，1990）。事实上，由于他的等价命题中的有效率状态是帕累托最优的，因此不存在效率最大状态一说，这是一个很模糊的描述性说法。在均衡分析的后半部分，阿莱主要分析了瓦尔拉斯和基于集合论的均衡分析的优势和不足。

3. 瓦尔拉斯模型的不足

阿莱称瓦尔拉斯模型为单市场模型（与瓦尔拉斯自称的多市场不同），该模型的基本假定是在任意时刻和任意的非均衡状态下，都公布一组价格，这些价格可以认为是给定的。在此价格下，每一个消费单位都使其偏好指标极大化，并形成相应的供给和需求；每个生产单位都使其净收益极大化，并形成相应的供给和需求。假设需求超过供给的任意一种商品的价格上升，相反供给超过需求的商品价格下降，这样就产生了一组新的价格，然后，仍然不进行任何交换。第一组新的价格形成了，第二组价格建立起来，这个过程一直持续下去，直到公布的价格真正使每一种商品的需求和供给都相等。这就是瓦尔拉斯的探索（试错）过程。

这样瓦尔拉斯就可以把下面的状态定义为市场经济均衡，其中对所有活动者只有一组价格，所有消费单位的偏好指数和所有生产单位的净收益都是极大化的。价格对活动者来说可以看作给定的，每一种商品的需求和供给都处于均等状态。均衡价格的决定就是瓦尔拉斯试错过程的结果。一旦找出这种价格，通过一轮交易就达到了均衡。阿莱认为如果接受了瓦尔拉斯模型，那么对一般均衡的研究就集中在以下几点：①确定描述均衡状态的条件；②真正存在一组价格能够确保均衡，也就是这组价格能够一次实现从初始状态到均衡状态的转换；③均衡的唯一性；④均衡的稳定性。

阿莱发现，为了完成证明，几乎所有研究者都引入了不现实的凸性假设[①]。对瓦尔拉斯模型的另一项批评是该模型的多次喊价与最后一次完成交易的假定是自相矛盾的。

4. 对基于集合论的均衡和效率研究评价

对于基于集合论的研究，阿莱认为德布鲁（他没有提阿罗）的研究有四个优点：一个形式上的，三个内容上的。形式简洁；考虑了非切线的均衡；均衡价格体系存在性的证明；在证明市场经济均衡状态和最大效率状态等价性定理时，避免了只考虑局部的不足。

对这类研究的批评主要是假设条件不现实，如连续性和凸性假定，认为这些过于严格的假定是不可接受的。另外还指出这类研究放弃了边际分析等有效的工具，把很多重要的概念和判据抹掉了，如当两个活动者的两种货物边际替代率不等时，就存在可分配剩余。阿莱认为，无论如何，微积分在经济分析中是不可或缺的。

[①]　阿莱认为引入凸性假设是为了保证边际收益不递增。

第二节　阿莱可分配剩余理论的讨论

一、可分配剩余的求和公式

综观阿莱的可分配剩余理论及公式，其中可分配剩余的求和公式（4-5）最为亮眼，可以说洞穿了市场交易的核心机制。难怪他自己说这一个公式总结了边际主义者的所有研究成果。那么这个公式到底说明了什么呢？

1. 基于投资收益率的理解

假设有一家投资公司，有 U 个投资项目，每个项目都有诸多方案可供选择：比较项目 u[①] 的投资方案 i 和 j 的收益率 $\dfrac{v^i}{u}$ 和 $\dfrac{v^j}{u}$，若选择方案收益率 $\dfrac{v^i}{u} > \dfrac{v^j}{u}$，那么每次将投资于方案 j 的投资额 dV_{ij} 转向方案 i，则可投资项目 u 可增加投资收益：

$$\sum_{i,j}^{i<j} \frac{v^i - v^j}{u} dV_{ij} \qquad (4-16)$$

若投资项目总数为 U，则该公司通过优化投资方案，增加的投资收益为：

$$d\sigma_U = \sum_U \sum_{i,j}^{i<j} \frac{v^i - v^j}{u} dV_{ij} \qquad (4-17)$$

事实上，厂商的每项投资和消费者的每项消费都面临着各种方案，相当于对各种收益率不同的投资选择，所有人的选择误差，会导致巨大的浪费，而消除这种浪费，满足阿莱给出的最大效率和均衡条件 $d\sigma_U \leq 0$，经济就会趋向帕累托最优，经济系统就会实现一般均衡，这就是阿莱的洞见和贡献。

阿莱给出的等边际原则，是对最优生产要素使用和商品消费组合公式的推广，其含义是经济中所有的边际价值与价格之比都应该相等。

2. 基于均值方差模型的理解

在第二章中已经谈到在均值方差模型中若所有资产收益率都相等，则资产组

---

① 　此处与阿莱的原意有差异：阿莱认为 u 是等价物的价值，若此依 u 求和则无意义。因为项目 u 所有的投资方案都经过比较。若 U 是投资项目总数，则投资项目 i 和 j 的投资收益率应表示为 v^i_u 和 v^j_u。

合的方差为0，相当于夏普所说的一般均衡状态；当资产收益率不相等时，资产组合平均收益率的方差不为0，代表资产收益率的离散程度。从等效率原则的角度来看，就是资本市场非均衡程度的度量。若把投资组合中的收益率换成效率，则均值方差模型就是效率和均衡之间的量化关系。当阿莱可分配剩余为0时，经济中所有效率都相等，方差为0，因此市场均衡。当还有可分配剩余存在时，可分配剩余的方差就代表了市场的非均衡程度。

3. 基于公平公式的理解

按照亚里士多德等的公平公式，只要存在效率差，就意味着存在不公平。如果要保证一个社会的普遍公平，就必须消除所有效率差。所有投资者的效率要相等，所有生产者的效率要相等，所有消费者的效率也要相等，而且这三者的效率还要一致。尽管这很难做到，但这确实是对公平最本质的描述。从可分配剩余的角度看，只要还有可分配剩余，那么一个社会就还存在着不公平，人们就还生活在不公平的环境中。

4. 基于等效率原则的理解

事实上，如果把阿莱可分配剩余公式（4-5）中的边际价值换成生产效率和消费效率，则该公式的意义不仅立刻清晰起来，而且将成为可计算的，因为效率与效用无关。

$$\delta\sigma = \sum_v \sum_{i,j}^{i<j} (\theta_i - \theta_j) dV_{ij} \qquad (4\text{-}18)$$

此时，所谓等边际原则就转换成了等效率原则。如此一来，阿莱的所有均衡和效率的分析结果都将与等效率原则一致，而且经济意义更清晰。可以说阿莱想表达的含义与等效率原则是一致的，只是用效用理论评价资源配置结果，最终导致很多表述都含糊不清。这一点阿莱本人应该是清楚的，为了检验期望效用的可靠性，阿莱亲自调查、实验，最后发现期望效用不像期望的那样可靠。阿莱因此提出了阿莱悖论①。

这个区别可以由以下数值算例来证实，阿莱的可分配剩余公式无法给出下面这样的具体例证。为了更为直观地说明等效率原则与阿莱剩余的区别，这里应用国际贸易教科书中常用的例子——英国和葡萄牙两国生产毛呢和葡萄酒的经典案

---

① The "Allais paradox" is that risk-averse persons' choices between alternatives tend to vary according to the absolute amounts of potential gain involved in different pairs of alternatives, even though rational ［Maurice Allais in *The New Palgrave Dictionary of Economics* （2018）］.

例对其加以说明，为方便计算，假设毛呢、葡萄酒以及劳动的单位都是某种货币单位，即单位相同。表 4-1 是英国和葡萄牙两国生产葡萄酒和毛呢时的初始状态。

表 4-1　效率与产出的初始情况

国家	葡萄酒产出效率	产量（单位）	毛呢产出效率	产量（单位）
英国	1/120	1	1/100	1
葡萄牙	1/80	1	1/90	1

资料来源：笔者整理。

表 4-2 是英国和葡萄牙两国分别采用等效率原则时候的状态。这也是李嘉图所说的比较效率优势。

表 4-2　两国国内均衡时效率及产出情况

国家	葡萄酒产出效率	产量（单位）	毛呢产出效率	产量（单位）
英国	1/100	1.2	1/100	1
葡萄牙	1/80	1	1/80	1.125

资料来源：笔者整理。

表 4-3 是国际贸易均衡时英国和葡萄牙两国的效率和产出情况。当国际贸易均衡时，总产出要比初始状态的产出增加很多。这就是等效率（均衡）的好处所在。

表 4-3　国际市场均衡时效率及产出情况

国家	葡萄酒产出效率	产量（单位）	毛呢产出效率	产量（单位）
英国	1/80	1.5	1/80	1.25
葡萄牙	1/80	1	1/80	1.125

资料来源：笔者整理。

5. 等效率原则的另一种情况

对比表 4-1 和表 4-3，可以发现实现等效率原则确实能够大幅度增加产出。但是，效率相等只是产出最大的必要条件，因为一阶条件也是产出最小的必要条件。效率相等且等于所有效率中最大的，才是产出最大的充要条件。在上面的例子中，只有效率等于最大的 1/80 才是产出最大的充分必要条件。效率相等且等于其中最小的 1/120 就是产出最小的充要条件。

在现实的经济活动中，可能出现经济效率趋向最小经济效率的情况。当市场失灵，激励机制失当的时候，人们可能会越来越懒惰，陷入消极状态。这是需要防止和避免的。

二、可分配剩余与帕累托最优的关系

前文已述及，阿莱对比了阿莱剩余和帕累托剩余，以及它们的一阶导数和二阶导数。问题是帕累托的剩余并没有量化公式，那个阿莱口中的帕累托剩余应该是阿莱推测的。这样就使得阿莱剩余与帕累托最优的关系变得模糊起来了。阿莱引入了可分配剩余的概念（Luenberger, 1992），以此来分析市场经济的效率特性。Luenberger（1992）扩展了阿莱的分析，并证明了一系列将可分配剩余（他的术语中的收益函数）与效率属性联系起来的结果（Luenberger, 1996）。

1968 年阿莱提到两个市场经济的基本定理（没有证明）：第一，均衡应该是帕累托最优的（福利经济学第一定理）。这个是 Luenberger（1992）正式证明的。第二，帕累托最优的经济会趋向稳定的均衡（福利经济学第二定理）。阿莱首次尝试证明这个定理是在 1970 年，他发现这个定理并不总是成立的。Courtault 和 Tallon（2000）给出了第二个定理的证明，结论是市场经济通过调整资源配置会趋向帕累托最优。

第三节　阿莱可分配剩余与等效率原则的比较

一、理论基础不同

1. 可分配剩余的理论基础是序数效用

阿莱思考的起点是帕累托改进，应用的工具是序数效用，确切地说是偏好次序。假设资源配置发生了变动，但偏好次序没有改变，这意味着从原来的配置中抽取了某些资源，但人们的满足程度没有变化。注意：阿莱没有像帕累托那样把

抽取出来的资源分配给对原来配置结果不太满意的人，他将从多次①变动抽取出来的东西堆积到一起，这就是阿莱可分配剩余。这个思路大致相当于每家捐赠不穿的衣服，捐赠的家庭幸福感不改变，但一个社区会积攒很多衣服，可以捐赠给需要的家庭，提高幸福感。把从某个生产（或消费）单位抽取出来的物品的转移价格②（以某种等价物来衡量的）乘以该物品的数量就得到了该物品的转移价值，然后对所有物品的转移价值求和就得到了阿莱最为得意的③可分配剩余计算公式。

以可分配剩余公式为基础，阿莱提出了一个重要的命题：一个均衡的完全竞争市场是帕累托最优的（福利经济学第一定理的等价命题），而一个完全竞争市场一定会趋向均衡（福利经济学第二定理的等价命题）④。

阿莱称人类有史以来有三种均衡的定义：第一种是瓦尔拉斯的定义；第二种是帕累托的定义；第三种就是他自己的定义，即当经济中所有可分配剩余为 0 时，就实现了均衡，阿莱认为他的均衡等价于帕累托最优⑤。

阿莱可分配剩余公式的问题在于公式中的转移价值基础是以"某种等价物"评价的"某种价值"，连续两个"某种"的直接结果就是按照他的公式，不知道如何发现可分配剩余⑥。

通过对比可以发现，只要将阿莱可分配剩余公式中的转移价格换成效率差，公式的意义就立刻清晰了。只要存在效率差，经济中就存在可分配剩余，效率都相等的时候，所有效率差为 0，经济就实现了均衡，同时也是帕累托最优的。同时效率差是可以找到的，而转移价格是很难寻找的。对此笔者的意见是不能做等效率原则比阿莱可分配剩余更好的价值判断，而应该做等效率原则经济意义更明确的事实判断。

另外，因为等效率原则是一般均衡的充要条件，因此把转移价格换成效率差之后，阿莱可分配剩余就与一般均衡理论等价了，这样阿莱所说的第三种均衡就

---

① 直到没有东西可以抽取。

② 可以这样理解：你捐赠的衣服在你家价值很低甚至是 0，但到了受赠者手里就会增值，因为如果没有捐赠，他必须花钱购买才能得到同样的衣服。捐赠物品在受赠者手中的价格减去该物品在捐赠者家的价格就是转移价格。

③ 阿莱称此公式总结了所有边际主义者的研究成果。

④ 阿莱本人有没有亲自证明这个公式有争议。

⑤ 阿莱强调他的剩余公式和帕累托剩余公式的二阶导数不同。

⑥ 他说只要边际替代率不同就存在剩余，而边际替代率与他的剩余公式无关。

等价于瓦尔拉斯均衡了。

2. 等效率原则的理论基础是生活本身

等效率原则在亚里士多德那里叫分配正义，是哲学、政治学和伦理学问题；在亚当斯那里叫公平，是心理学问题；在泽尔腾和夏普利那里叫公平奖励组合，是合作博弈的公平分配条件；在瓦尔拉斯和阿罗-德布鲁那里是一般均衡，在帕累托那里是帕累托最优；在金融领域是 CAPM、均值方差模型和托宾 Q；在纳什那里是纳什均衡。等效率原则不属于某个学科领域，它是独立的分析工具，它的理论基础是生活本身。

二、应用范围不同

1. 分析经济增长

把等效率原则建立在国民经济核算恒等式之上是刻意而为的，目的是回避以往经济增长模型[1]采用总量生产函数和效用函数带来的弊端。对总量生产函数的批评主要有两个方面：一个是质疑一个个企业的微观生产函数是否真的能加总成总量生产函数[2]。另一个就是所谓生产函数与国民经济核算恒等式的同一性问题，即任何生产函数都能够通过数学变换变成简单的部分产出相加等于总产出的恒等式。使用生产函数建立增长模型更像是在变魔术，没有任何实质性的意义。为此等效率原则回避了总量生产函数这个工具，直接将分析建立在核算恒等式基础之上。这样做既可以避免总量生产函数的不足，又可以继续使用现有多数基于总量生产函数的研究成果。

在国民经济核算恒等式的基础上，求解在投入一定的预算约束下，总产出最大的一阶条件，就得到了要想产出最大，必须使所有生产单元效率都相等的结论。当效率不都相等的时候，总有某个效率最小，这个最小的效率就是效率瓶颈，是影响总产出最大的关键所在，必须采取对策加以消除。当一个效率瓶颈消除后，就会产生新的效率瓶颈，如此不断重复，直到所有效率都相等。这就是经济增长的效率竞赛模型的大致含义。

2. 分析国际贸易

脱离经济增长话题的语境，等效率原则依然具有强大的解释能力。新新贸易

---

① 等效率原则最初是为解释经济增长提出的，当时并没指望它能成为独立的分析工具。

② 就是所谓的剑桥资本争论。

理论是当前最主要的贸易理论，尽管没有一种代表性的一致表达式，但都围绕一个中心，就是生产率。生产率是与效率内涵接近的概念，这就与笔者提出的基于等效率原则的贸易理论——比较效率优势趋向一致了。现有贸易理论无论是古典贸易理论、新古典贸易理论，还是克鲁格曼的新贸易理论和现在的主流贸易理论——新新贸易理论本质上都是在比较贸易效率，这正是等效率原则的强项。按照等效率原则的解释：国际贸易均衡就是世界各国的贸易产品和服务的生产效率和消费效率都相等。

等效率原则不仅可以用来分析和解释经济增长和国际贸易等宏观问题，也能用来分析供应链协调等微观的管理问题。这一特点使得它变成了一种独立的分析工具。其实可以使用等效率原则的领域还有很多，如近年来在生产管理领域中比较流行的"约束理论"① 就与等效率原则在内涵上极其接近。

3. 分析生产过程

约束理论是以色列管理学家高德拉特提出的一种管理理论，基本思想是生产系统效率取决于约束，如果约束过多，或者有不合理约束就会导致效率低下。因此提高生产系统效率的关键在于消除瓶颈约束，而消除瓶颈约束的目的，则在于提高产出率。所谓产出率是指总收益与总可变成本之差，实际上就是效率的概念。在这种思想的指导下，约束理论开发了一系列针对生产过程的具体的分析工具和流程。约束理论中的两个概念分别是活力和利用。在约束理论中，利用是指资源能够利用的程度，而活力是指实际应用的效果。完全对应等效率原则中的固有效率和使用效率。只不过约束理论并没有发现这固有效率和使用效率之差就是 X 效率。

4. 分析产品设计

等效率原则是一个广泛存在的法则，在很多方面都有潜在应用。比如下面一个选择题：

在机械设计中有一个"等强原则"，即设计一个机器零件要使每一个部分的强度相等，这样机器零件的各个部分才会达到同等的使用寿命，才不会因一个部分先报废而使其他完好的部分浪费。"等强原则"所蕴含的哲学道理是（　　）。

A. 要重视系统内部结构的优化趋向

---

① 约束理论（TOC）始于 20 世纪 80 年代，由以色列物理学家及企业管理大师犹太人艾利·高德拉特博士提出。

B. 事物运动是有规律的

C. 部分构成整体，部分决定整体

D. 必须实现资源的合理配置

这个选择题的标准答案不知道，但按照等效率原则，正确答案应该是 D。因为只有使用寿命一致，才没有阿莱剩余和效率损失。

5. 分析犯罪与刑罚

除了上述应用领域，等效率原则应该还有一个潜在的更广泛的应用领域，就是在法学领域。1764 年，年仅 26 岁的贝卡利亚发表了《论犯罪与刑罚》这本传世之作，这本书是人类历史上第一部专门系统阐述犯罪与刑罚问题的著作，体现了历史的发展和文明的进步，对于欧洲以至全世界的刑法改革都产生了重大的影响。在该书中，贝卡利亚提出了犯罪阶梯和刑罚阶梯相适应的理论，该理论就是罪刑法定原则的来源。

犯罪阶梯和刑罚阶梯相适应是什么意思？本质上就是等效率（刑罚效率＝惩罚力度/犯罪程度）原则。在讨论亚里士多德公平公式的时候曾经提到，分配的物品也可以是负面的。通俗地说就是根据人的负面贡献分配负面物品，或者说依据犯罪程度给予惩罚。等效率原则在犯罪与刑罚方面的应用就是要做到所有被惩罚者的效率都相等且等于 1。效率都相等意味着对所有人都公平，同样的罪行获得同样的刑罚。等于 1 则意味着量刑适当，没有轻罪重罚的效率大于 1，也没有重罪轻判的效率小于 1。

从这个角度来说，刑罚效率的方差就可以用来评判司法公平程度，如同评判经济均衡程度一样，刑罚效率的均值可以用来衡量量刑的准确性。

第四节　发现可分配剩余（效率差）的途径

从生产角度来看，经济中存在的剩余可以分为三类。第 I 类：同一部门不同生产要素之间的效率差；第 II 类：同一种生产要素在不同部门的效率差；第 III 类：生产要素使用效率与固有效率之差。前两类剩余可以借助表 4-4 的部门-要素配置表加以说明。

一、三类剩余

第Ⅰ类剩余是指表4-4每一行中不同列的效率差。这类剩余产生的原因是部门内部生产要素流动性差，或者是缺乏替代性。不同生产要素能进入同一部门说明存在机会均等，但在同一部门的使用效率不同，就存在效率差，存在效率差则意味着不公平。这种不公平不是只对人，对其他生产要素也是同样的。

首先，同一类生产要素在同一部门的使用效率存在差异。对劳动这种生产要素来说就是亚当斯公平公式所关注的不公平，两人同样的投入但收入不同，或者收入相同但劳动强度不同等现象是普遍存在的。在同一个大公司内部，不同的分公司或者子公司之间因为各种原因，如成本控制和管理能力不同等原因，经常存在资金使用效率的巨大差异。盈利的子公司所有的资金投入会有很好的回报，而亏损的子公司资金投入回报率可能是负数。

其次，不同类型生产要素在同一部门的效率差异也是普遍存在的。不过这个差异通常不明显。其实只要比较一下在不同要素上每花一分钱给公司带来的收益（考虑生产要素最优配置公式），立刻就会发现存在巨大的差异。通常来说，相对短缺的要素使用效率低（因为没有能力剩余），这就是效率瓶颈带来的问题。例如，一个生产系统中某台设备一旦出现故障，就会造成整个生产系统停机。那么停机期间整个生产系统的损失都是这台设备导致的成本，由于效率瓶颈导致的额外成本巨大，因此使用效率比较低。不要把使用效率与使用时间和频次等混淆，瓶颈设备通常使用比较频繁，这恰恰说明该设备使用效率低。又如，农业部门，有的地区机械化程度高，生产效率高，因此农民有很多闲暇；有些地方还是传统的畜力和人力耕种，耕种季节农民就会每天从早忙到晚，这就是效率问题。

表4-4　部门-要素配置

	要素1	要素2	…	要素j	…	要素n
部门1	θ_{11}	θ_{12}	…	θ_{1j}	…	θ_{1n}
部门2	θ_{21}	θ_{22}	…	θ_{2j}	…	θ_{2n}
⋮	⋮	⋮	⋮	⋮	⋮	⋮
部门i	θ_{i1}	θ_{i2}	…	θ_{ij}	…	θ_{in}

	要素 1	要素 2	⋯	要素 j	⋯	要素 n
⋮	⋮	⋮	⋯	⋮	⋮	⋮
部门 m	θ_{m1}	θ_{m2}	⋯	θ_{mj}	⋯	θ_{mn}

资料来源：笔者整理。

第 Ⅱ 类：第二类剩余是指表 4-4 每一列中不同行的效率差。一个社会中有大量产品和服务的生产部门，这些部门中的有些产品和服务由于垄断或者品牌等原因存在较大的经济利润。从效率角度来说，垄断就是通过制造进入壁垒（资源占有，特许权，专利保护、行业和地方保护等）提高产品和服务价格，进而提高经济效率的行为。没有进入壁垒的部门就很难靠垄断获取超额经济利润，这种差别会造成经济中存在巨大的效率差。这类剩余是普遍存在的，特别是在经济发展不平衡的发展中国家。

一是刘易斯二元结构的效率分析。威廉·阿瑟·刘易斯（1915—1991 年）是著名经济学家，他因提出二元经济结构理论而获得 1979 年诺贝尔经济学奖。所谓二元经济结构是指在发展中国家，现代化的工业和技术落后的传统农业同时并存的经济结构。这种经济结构的特点是：①工业部门劳动生产率比其他部门高。②工业部门的高产出率使该部门的工资率高于其他部门。③尽管工资率高，但工业部门的资本报酬率相对较低。④工业部门的资本密集度高于其他部门，与发达国家有相近的生产设备。⑤城市中高工资和大量失业并存。

从效率差的角度来看，这些特点几乎都是必然的和显而易见的。发展中国家的工业部门是从发达国家引进的，是生产技术从高效率的区域向低效率区域的转移，从世界总体的经济体系看也是在消除效率差。但发展中国家普遍存在效率低下的现状，这样先进生产技术的引入就突出了工业部门的效率，造成了工业部门和农业部门两个部门之间巨大的效率差，这就是第一个特点的存在原因。

根据等效率原则，工业部门要想产出最大化，必须使所有生产要素相等，因此作为劳动产出的工资率高是必然的，这就是第二个特点的存在理由。

第三个特点中的工资率高是与本国农业部门比较，而资本报酬率低是与发达国家比较，绝对不是工人的劳动报酬率高于老板的资本报酬率。

第四个特点也是必然的，这是工业和农业技术水平或者说生产函数不同造成的。传统农业主要投入的是土地和劳动，因此资本密集度低，现代农业就不同了，一些发达国家的农业也是技术和资本密集型产业。

第五个特点更是显然的，在工业部门就业的人当然高工资，无法进入工业部门的人只有失业，因为在二元社会没有发达的服务业等其他部门。

刘易斯的二元结构理论生动地展示了第二类剩余的存在，以及这种存在造成的巨大社会问题，当然也意味着发展机遇。不仅如此，刘易斯还给出了阿莱剩余的具体例子。例如，刘易斯说农业部门存在大量边际生产力为 0 的劳动力，这样的劳动力离开农业部门，不会对农业部门产生任何影响，这不就是阿莱剩余的定义吗？

至于刘易斯描述的农业部门剩余劳动力（阿莱剩余）向工业部门转移的过程，首先当然是零值劳动力进工厂打工，生产要素流向产出效率高的部门是必然规律，直到两个部门效率差消除前都不会停止。因此，刘易斯说的第一拐点只能出现在二元社会农业的效率接近工业部门的效率时，这种情况只能在理论上出现，实际上传统的农业社会低效率的不仅是农业，还有基础设施和制度等要素，工业部门必然会受到这些要素低效率的制约，在很大可能上不会发展到吸纳全部农业剩余劳动力的程度。

二元结构理论在刘易斯拐点之后，就是空想的乌托邦了。其原因在于，刘易斯没有意识到一个社会发展需要克服的效率瓶颈是不断转换的，一个农业社会之所以是当前现状，其各种生产要素的使用效率是一致的，一个工业部门效率提高，可以带动农业效率的提高，但无法带动其他生产要素的效率同时提高，如制度的效率、软硬基础设施的效率等。更何况效率瓶颈有刚性，转换需要支付巨大的经济和社会成本。因此费景汉-拉尼斯模型中的三个阶段通常只有第一个阶段是现实的，第二和第三阶段基本不太可能。

现实中大量的例子就是如此，秘鲁、智利、阿根廷和委内瑞拉等拉美国家和南非都曾经是典型的二元社会，工业部门都曾得到了快速发展，农业部门的状况也随之改善，可惜工业部门的发展并没有像刘易斯设想的那样，吸纳全部的农村剩余劳动力并实现工业化，而是由于制度等效率瓶颈限制了工业部门的发展，甚至出现了重新回到农业社会的趋势。刘易斯拐点只是一种愿望，不是现实。

二是罗斯托起飞模型的效率分析。1960 年，美国经济学家华尔特·惠特曼·罗斯托（1916—2003 年）提出了经济发展阶段理论，也叫罗斯托起飞模型。罗斯托认为人类社会发展共分为六个阶段：第一个阶段是传统社会，其特征是不存在现代科学技术，主要依靠手工劳动，农业居于首要地位，消费水平很低，存在等级制度，宗族起着重要作用。第二个阶段是起飞准备阶段，是从传统社会向起飞阶段过渡的时期，这一时期世界市场的扩大成为经济增长的推动力。第三个阶段是起飞阶段，起飞就是突破经济的停滞状态。实现起飞需要三个条件：①较高的资本积累率，应超过国民收入的10%；②要有起飞主导部门；③能建立起保障起飞的制度。罗斯托认为，一国只要具备了上述三个条件，就可能实现经济起飞，而一旦起飞，经济就可以进入持续增长的阶段。在发达国家中，英国在18世纪最后的20年里实现了起飞，法国和美国在1860年以前的几十年里实现了经济起飞，德国是在1850年和1875年，日本是在19世纪的最后25年。第四个阶段是成熟阶段，其特点是现代技术已经被推广到各个经济领域；工业将朝着多样化发展，新的主导部门将取代旧的主导部门（效率瓶颈转换）。第五个阶段是高额群众消费阶段，建立起了高度发达的工业社会。第六个阶段是追求生活质量的阶段。

现实世界中，多数国家没有实现经济起飞，而是止步于第三个阶段。原因就是不具备起飞的三个条件，这与刘易斯拐点很相似。罗斯托多次提到主导部门以及主导部门转化，其实主导部门就是经济效率高的部门，能带动经济效率提高，但随着其他部门效率的提高，曾经的主导部门可能被新的高效部门取代，这就是效率瓶颈的转换。第四个阶段实际上是效率普遍提高的阶段，也是工业化的阶段。后两个阶段是效率差普遍缩小的均衡发展阶段。

其实在发展中国家，这六个阶段通常是同时存在的，只是与发达国家相比，处在各个阶段的人数不一样而已。这个就与促进生产要素跨部门、跨地区流动的机会均等有关系了。消除效率差意味着公平，而公平并不总是受欢迎的，发展中国家（如前面提到拉美国家和南非）中通常存在着阻碍生产要素流动的体制障碍（如特权和垄断等），制约效率瓶颈转换。这也是罗斯托起飞第三个条件强调的制度保障，也是多数发展中国家无法实现起飞的主要原因。

第Ⅲ类：阿莱的可分配剩余实际上只包括第Ⅰ类和第Ⅱ类剩余，还有一类剩余是不包括在内的，因为这类剩余难以测度，这就是与生产要素能力利用和X效率有关的第Ⅲ类剩余。

一是生产要素的能力利用。尽管有一些效率和生产率测度方法，但这些方法都是依据要素投入和要素产出进行定义和计算的。这样就忽略了一个问题，即要素在生产过程中的实际表现和它固有能力的差别。例如，一台很先进的机床，每小时可以生产50个复杂零件，但这只说明该机器的最大能力，实际使用时会因为机械故障和零部件老化等多种原因，造成每小时的实际产量少于50个。又如，一个健康状况一般且只接受过初等教育的熟练工人每小时可以加工50个零件，但在实际工作中可能只加工30个零件。再如，一个设计良好的制度，理论上可以保障某个经济系统运行不受制度要素的阻碍，但是如果这个制度不能很好地执行，那么经济系统的运行就会受到制度的制约。这些情况表明：生产要素在生产过程中的表现与其自身具有的能力并不总是一致的。如果称要素在生产过程中应该表现出来的效率为固有效率，那么它实际表现出来的效率就是要素的使用效率。本书定义的要素的固有效率：在一定的时间和空间内，单位数量的某种要素在被以最优的方式完全利用时，所能创造的收益与购买一单位该要素所需支付的最低成本之比（折算为单位时间）。如果某种要素绝对短缺，购买该要素的成本为无穷大，那么该要素的固有效率为0。在通常情况下，要素的固有效率是使用效率的上限。举例说明如下：

据统计，每千克标准煤在中国的国内生产总值为0.36美元，而日本为5.58美元，世界平均值为1.86美元。假定中国每吨标准煤的平均价格为30美元（折合每千克0.03美元），那么中国煤炭的平均使用效率应为0.36/0.03 = 12。假定中国煤炭使用效率最高的部门，每千克标准煤创造的国内生产总值为3美元，每千克标准煤在中国的最低使用费用为0.01美元/千克。在中国，每千克标准煤的固有效率应为3/0.01 = 300。假定0.01美元/千克标准煤是世界上最低的使用成本，再假定世界上煤炭使用效率最高的部门每千克标准煤可创造6美元，那么世界上标准煤的固有效率应该是6/0.01 = 600。可见要素固有效率是与时间和空间密切相关的。

要素的固有效率与要素自身的固有属性和要素禀赋有关，从本质上说是内生的。就劳动而言，其固有效率取决于劳动力的综合素质和劳动力的数量。其中与综合素质有关的指标主要有两个：健康和受教育程度。劳动力的健康和受教育程度与一国经济发展水平和富裕程度是密切相关的。就资本而言，其固有效率与一国的储蓄率、投资机会和货币政策以及金融系统运行效率，或者说资本成本直接相关。就技术而言，其固有效率的提高与R&D、技术引进和落后技术淘汰等有关。自然资源固有效率取决于自然资源的禀赋、保护和再生，与一国经济发展状态密切相关。社会和经济制度的固有效率取决于政府行政效率、基础设施完备程度以及保障社会有序运行的能力和成本。

二是1966年鲁宾斯坦在《配置效率与"X效率"》中首次提出了X效率的

概念。鲁宾斯坦等发现即使在有利可图的时候，企业也不一定进行技术变革或者加强管理来获得更大的利润，也就是说企业经常偏离最低成本扩展线。由于这种低效率行为无法完全用生产效率和帕累托效率（鲁宾斯坦称配置效率）来解释，因此称为 X 效率。鲁宾斯坦给出了三种原因解释在给定的单位投入下，与 X 效率相关的要素行为差异：第一，劳动合同不完全；第二，生产函数不明确；第三，并不是所有投入都是可以在市场上交易的，即使可以交易，那么也不可能买到相同的要素。鲁宾斯坦建议放弃厂商追求成本最小化的假定，因为在给定投入下，企业或者经济并不总是在生产可能性的边界上运行的。这意味着由于一些原因，个人或者企业并不是尽最大的努力和积极工作。鲁宾斯坦认为这种情况和个人动机以及激励有很大关系，之所以没有称这种效率为动机或者激励效率，是因为尽管动机或者激励是 X 效率的主要因素，但还有其他的因素。

在鲁宾斯坦之后，追随者从理论和实证两个方面做了大量的研究工作。在理论方面主要是研究作为决策主体的个人与 X 效率的关系；实证方面主要对 X 效率的存在性进行检验。Frantz（1990）在对 X 效率的理论研究中取得了一些新的成果：Frantz 认为 X 效率的研究领域是企业内部和市场外部，因为企业内部和市场外部都是非市场行为，两种行为具有本质的差别。此外，Frantz 还分析了个人行为的双重性：一方面具有并坚持确定的标准，通过计算和对细节的关注，努力追求目标的最优化；另一方面又有不注重细节和不追求目标最优化的倾向。因此 Frantz 认为新古典经济学中完全理性的经济人假定只是一种极端的情况。尽管 X 效率理论发现并指出了生产过程中存在的配置效率以外的低效率，但关于造成 X 效率的原因分析还不够充分。

此外，笔者认为 X 效率与前述第Ⅲ类剩余具有相同的含义，与要素能力利用密切相关，确切地说，要素是由固有效率和使用效率之间的差异造成的。在此可以为 X 效率的存在性提供一个理论依据。帕累托改进消除的是阿莱剩余，也就是前两类剩余。但即使消除了阿莱剩余，实现了帕累托最优，第Ⅲ类剩余仍然可能存在。利用帕累托改进无法消除这类剩余，这表明经济系统中存在着帕累托效率以外的效率。这种效率就是 X 效率[①]，它揭示的是生产过程或者经济系统中存在的第Ⅲ类剩余。

---

① 现在 X 效率通常被解释为与人的努力程度相关的指标，其实是对广泛存在的生产要素固有效率与使用效率之差的片面解读。

二、生产要素流动规律

1. 效率的时间梯度与等梯度环

（1）考虑时间参数的效率公式。在本部分以前的讨论中，谈到效率的时候都省略了一个重要参数，就是时间。考虑时间的效率公式如下：

$$\theta(t) = \frac{Y(t)}{I(t)} \tag{4-19}$$

效率从来都是与时间有关的，因为人的生命有限，因此时间约束是一种甚至比资金约束更重要的预算约束。人们对时间约束是非常敏感的，因此总是想一劳永逸、一蹴而就……其实这都是对效率的追求，因为太高的效率不容易达到，因此这些追求高效率的想法常常会被认为不切实际，但其实是非常正常的，甚至是值得称赞的追求，在某种程度上，正是这种对效率的追求，人类才有了今天的文明。

为了区别，称式（4-19）为时间效率。时间效率不仅在日常生活中经常用到，而且也有很重要的理论意义。由式（4-19）可求得效率的时间梯度：

$$\nabla \theta(t) = \frac{d\theta(t)}{dt} = \theta(t)\left(\frac{\dot{Y}}{Y} - \frac{\dot{I}}{I}\right) \tag{4-20}$$

效率的时间梯度含义：产出变化率与投入变化率之差与 t 时刻的效率的乘积。为方便叙述，以下简称效率的时间梯度为效率梯度。

（2）效率梯度与杜能环。1826 年德国人杜能提出了农业区位的理论模式。他假设有一个与外界无任何联系的孤立国，在这个国内：①只有一个中心城市，城市周围是广阔的、自然条件均一的可耕平原；②均匀分布着具有相同技术素养的农民，他们追求最大利润，并有能力按市场要求调整农业经营类型；③城市是农产品的唯一市场，马车是唯一的运输工具，农民承担农产品的运费，运费与运输的质量和距离成正比；④市场上农产品的价格、农业劳动者的工资、资本的利息假定不变。

在上述假定下，影响农业区位的唯一因素是运输费用。农民的利润可用以下公式表示：

$$R = y \cdot (p - c - F \cdot m) \tag{4-21}$$

其中，R 是单位面积的地租，杜能称之为区位租，y 是单位面积的收获量，c 是单位收获量的生产成本，p 是单位收获量的市场价格，F 是单位收获量单位距离的运费，m 是市场距离。

杜能认为，在孤立国内，将形成以中心城市为中心，呈同心圆形状，由内向外分布的六个农业圈。两种作物的种植数量不取决于各自的可种植数量极限，而是取决于两者的比较利益。

第一圈：自由农作区，距离市场最近，主要种植易腐难运的农产品，如鲜奶、蔬菜等。

第二圈：林业区，为城市提供木材和燃料。

第三圈：轮作式农业区，该带内作物六年轮回一次，其中两年种稞麦，其余四年分别种植土豆、大麦、苜蓿和豌豆。

第四圈：谷草式农业区，谷类、牧草和休耕轮作，七年轮回一次。

第五圈：三圃式农业区，每年分别有 1/3 的时间种黑麦、大麦和休闲轮作，三年轮作一次。

第六圈：放牧区或家畜饲养区，生产牧草，放养牲畜，实行粗放经营，该区以外是荒野。

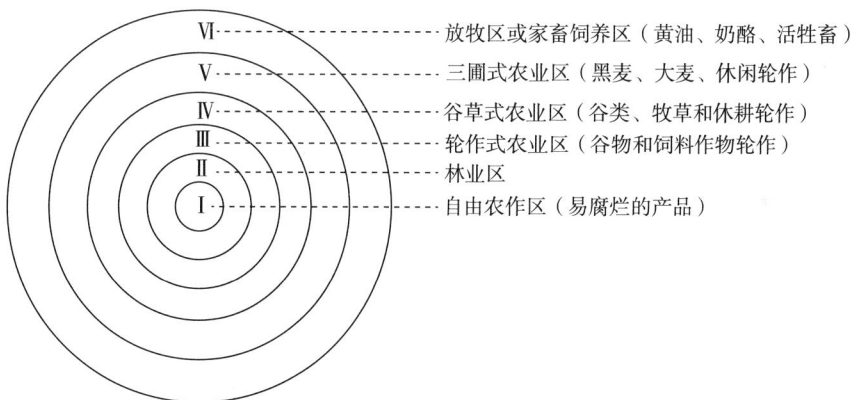

图 4-1　杜能环

资料来源：笔者整理。

杜能的公式（4-21）实际上就两项，令 $Y = yp$，$I = y(c + Fm)$，则杜能的效率公式可表示为：

$$\theta_{Th\ddot{u}nen} = \frac{Y}{I} = \frac{p}{c + Fm} \tag{4-22}$$

对式（4-22）求时间的导数，就可以得到式（4-20）。因此可以用效率梯度解释杜能环：在同一个环上投入和产出变化率相同，因此效率梯度相同；在不同的环上效率存在时间梯度差，从圆心向外效率梯度依次降低。这是因为越远离圆心，投入和产出变化率之差越小，同时效率也越小。

本部分的目的不是解释杜能环，而是想利用杜能环说明效率梯度。效率梯度不是仅存在于杜能的孤立国，而是一种普遍的经济现象。效率梯度最直接的标志就是单位时间内的收入差距。考虑现在的大都市，如北上广深，住在市中心（Central Business District，CBD）的人一个月的收入可能超过远郊农民一年甚至几年的收入，这种差距正是大都市吸引人才的魅力。

2. 生产要素流动定律

生产要素通常会不停地流动，但最终会找到一个相对合适的位置停下来，这个合适的位置就是某个效率与要素固有效率相等的等效率梯度圈。因为在这个等梯度圈上，生产要素自身能力没有浪费也没有闲置，为此可以给出要素流动定律。

要素流动定律：在自由流动的前提下，生产要素最终会停止在效率与其固有效率相等的等效率梯度圈上。

以人才流动为例，一个人才通常会停留在与其能力相适应的岗位，特别是他认为薪水符合他能力（固有效率）的岗位，其他类型的生产要素也是同样的，此处不再赘述。

3. 生产要素流动定律的应用

如果生产要素没有流动到等梯度的位置，说明存在效率差，也就是阿莱剩余，这是发现阿莱剩余的指南针。所有没有配置到合适位置的资源都存在阿莱剩余，从这一点看，如果要素可以自由流动，那么经济增长的潜力几乎是无限的。那么是什么阻碍了要素流动定律发挥作用呢？帕累托曾用"品味和阻碍"来描述资源配置中的两种相反的力量：品味就是资源按照生产要素流动定律，流向其等效率梯度处的力量（资源的固有效率），而阻碍就是阻止资源流向其合理位置的各种力量。

对比要素流动定律和经济现实，似乎可以理解帕累托所说的阻碍了，如果没有阻碍，为什么大量资源配置失当、错位？从这个角度来说，帕累托用"品味和阻碍"来描述资源配置比用供求描述更生动。

第五节　协调效率和公平关系的经济政策

由于效率和公平之间存在着相互制约的关系，如果经济增长目标过高，则可能造成不公平程度加大，因此政府在制定宏观经济政策的时候通常都会同时考虑效率和公平。我国在这方面有个明确提法：效率优先，兼顾公平。以下用数学模型来表述这一思想，通过模型可以更清楚地看到效率和公平之间的制约关系。

一、效率和公平关系的数学表达

1. 效率的均值方差模型

假定经济中有 n 个生产单位，单位 i 的投入为 I_i，产出为 Y_i，效率为 θ_i。令 $\omega_i = \dfrac{I_i}{\sum_i I_i}$，即把投入数量变成投入比例，则有：

经济系统的平均效率：

$$E(\bar{\theta}) = \sum_{i=1}^{n} \omega_i \theta_i \tag{4-23}$$

经济系统效率的方差：

$$Var(\bar{\theta}) = \sum_{i=1}^{n} \omega_i^2 Var(\theta_i) + \sum_{i \neq j} \omega_i \omega_j Cov(\theta_i, \theta_j) \tag{4-24}$$

前文已经述及，经济系统的加权平均效率代表经济系统的总体效率水平，经济效率的方差则代表公平和均衡程度。给定经济系统的平均效率假设为 R，就是效率优先。

考虑以下模型：

$$\min_{\omega_i} Var(R)$$

$$s.t. \begin{cases} R = \sum_{i=1}^{n} \omega_i \theta_i \\ \sum_{i=1}^{n} \omega_i = 1 \end{cases} \tag{4-25}$$

以平均效率的方差最小为目标，就是保证在给定的效率 R 下，让不公平程度最小，就是兼顾公平。

2. 效率优先、兼顾公平的争议

（1）在模型（4-25）中，若目标函数值过大，意味着不公平较为严重，那么可以调整期望效率，直到效率和公平双方都可接受。

（2）有些研究者认为，效率优先不合理，应该公平优先。其实这是没有弄清效率和公平之间的制约关系，如果只考虑公平，没有效率约束，那就必须要求所有生产单位的效率都相等（方差为0，绝对公平），但这很难做到。如果不要求绝对公平，那就没有什么可争议的了，因为每指定一个效率，都对应一个最大公平（最小方差）。同样，若指定一个最喜欢的公平水平，那么也可以找到这个公平水平对应的唯一效率。

需要提醒的一点是，效率意味着自由竞争，没有自由竞争就没有效率，如果放弃自由竞争去追求公平，其结果很大可能是回到计划经济时代。其实，效率和公平的关系也是效率和均衡的关系，因为公平和均衡是等价关系。从这一点上看效率的方差也是对非均衡的度量，因此那种争议公平第一的研究者，等于在争议均衡第一，同样也要求所有生产单位和消费者的效率都相等，这几乎是无法实现的，因此非均衡（忍受一定程度的不公平）才是经济的常态。

3. 协调效率与公平的经济政策

模型（4-25）的解对于制定宏观经济政策和产业政策都有较大的参考价值。

（1）在制定宏观经济政策方面，可以帮助政府设定合理的经济增长率目标，使得经济增长率能够设定在一个可接受的不公平水平上，从而避免出现贫富分化严重等影响长期增长和稳定的问题。

（2）在制定产业政策方面，模型的最优解——权重，可以帮助政府实施区别对待的产业政策，可以定量地指导各个产业的支持力度或者限制程度，从而可以保障经济增长和社会稳定。

二、兼顾效率和公平的税收政策

税收政策对一国经济有双重影响，一方面直接影响经济增长，另一方面影响政府的财政收支，进而间接地影响经济增长。因此制定一个能够刺激增长，又能保证政府税收稳定的税收政策一直是税收政策研究者的重要课题。税收对经济增长的直接影响①很难评估，而且不同的国家和不同的研究者得出的结论有很大差异，但比较一致的结论是对劳动者征税过多，不利于经济增长。目前研究者们更多关注的是税收效率和公平协调的问题。

均值方差模型能够协调效率与公平的关系，而这正是税收政策制定者最想解决的问题。

从政府财政收入的角度看，每个税基都是政府的潜在资产，而确定各个税基的税率可以看成给资产赋予权重。这样就可以将政府税收问题化为最优投资组合问题，进而采用均值方差模型加以解决，当然这样做必须注意税收和个人投资之间的差异。均值方差模型可以帮助政府在给定的预期税收水平下，实现财政收入波动最小。税收对政府来说是收入，但对纳税人来说是支出，因此税收直接关系到公平。按照均值方差模型确定各个税基的税率，符合效率优先、兼顾公平的原则。以下简要介绍均值方差模型在税收政策分析和制定中的使用方法，目的有两个：一是证明均值方差模型真的可用；二是给读者提供一个有价值的参考。

以纳税人效用最大为目标函数，约束条件则是必须照章纳税。于是可得到模型：

$$\max_{c,\beta,L} U(c, \beta, L, G) \quad \text{s. t.} \quad y = c(1 + t_c\beta) \tag{4-26}$$

消费 c 被分成两部分：纳税的部分 $c_1 = \beta c$，不纳税的部分 $c_2 = (1-\beta)c$。模型其他说明如表 4-5 所示。

表 4-5　模型说明

决策次序	决策者或事件	决策变量
1	政府	τ_c，τ_w 代表消费税和所得税相关参数
2	自然状态（税前）	w，π 代表工资和利润
3	纳税人	c，L，β 代表消费、劳动量和消费纳税比例
4	生产活动发生	—
5	效用实现	—

资料来源：笔者整理。

模型中，$y = (1 - t_w)\omega L + \pi$ 是缴纳工资所得税之后的净收入。假定工资和利润为随机变量，由此消费和工资收入也是随机变量。消费和工资收入不相关，只要

---

① 税收对经济增长的影响是一个非常热门的研究领域，无论是理论研究还是实证研究。

工资和利润不相关。

当以公共消费和私人消费方差最小为目标函数，以期望税收水平为约束时，可以得到模型：

$$\min_{t_\omega, \tau_c} \sigma_R^2 + \sigma_c^2$$

$$\text{s. t. } \overline{R} = \tau_c \beta \overline{c} + t_\omega L \overline{\omega} \tag{4-27}$$

求解此模型，即可得到 τ_c 和 t_ω。具体求解过程请参考文献［8］。该文献应用美国加利福尼亚州 48 年的数据，求出了实际平均纳税水平与方差构成的效率前沿，发现历史数据并不在有效前沿上，说明还有很大改进余地（见图 4-2）。

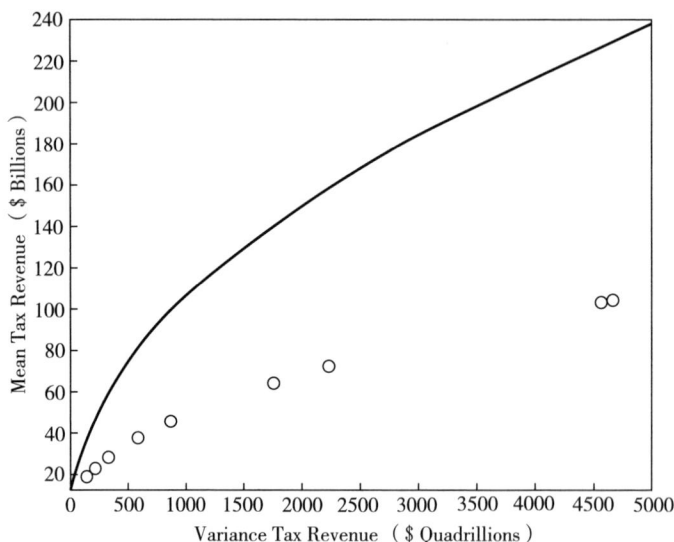

图 4-2　美国加利福尼亚州估计效率前沿和实际前沿对比

本章小结

本章的主要研究工作和结论如下：

第一，首先介绍了莫里斯·阿莱的可分配剩余理论，特别是可分配剩余的计算公式及其在效率和均衡分析中的应用。

第二，对阿莱可分配剩余理论进行了多方面的解读，包括投资收益率方面、均值方差模型方面、公平公式方面、等效率原则方面；指出了阿莱可分配剩余公式中，转移价格无法确定的问题；提出了用效率差代替转移价格的解决方法；解决了阿莱可分配剩余无法寻找的尴尬，同时也建立了阿莱剩余与一般均衡的直接联系。

第三，从理论基础和应用范围两个角度对阿莱可分配剩余理论与等效率原则进行了对比。结论是在经济学范围内，不能做等效率原则比阿莱可分配剩余更好的价值判断，而应该做等效率原则经济意义更明确的事实判断。在理论基础方面，等效率原则来源于现实生活，基础广泛而坚实。阿莱可分配剩余来自效用理论。在应用领域方面：阿莱可分配剩余只是一种经济理论，等效率原则的应用范围则包括经济理论、生产理论、产品设计和法律等多个领域。

第四，为了发现可分配剩余（效率差），从生产者角度给出了三种剩余，并以刘易斯二元结构理论和罗斯托起飞模型等对三类剩余的存在性进行了举例说明。以杜能环为例，定义并论证了效率的时间梯度，进而给出生产要素流动定律，为寻找可分配剩余提供了有力工具。

第五，探讨了以均值方差模型为基础的兼顾效率和公平的经济政策，包括效率优先、兼顾公平的宏观经济政策指导思想，产业政策的扶持和控制尺度。举例说明了均值方差用于政府税收政策研究的适用性。

本章参考文献

［1］Allais M. La Théorie Générale Des Surplus ［M］. Grenoble：Grenoble University Press，1981.

［2］Courtault J M，Tallon J M. Allais' Trading Process and the Dynamic Evolution of a Market Economy ［J］. Economic Theory，2000，16（2）：477-481.

［3］Geanakoplos J，Shubik M. The Capital Asset Pricing Model as a General Equilibrium with Incomplete Markets ［J］. The Geneva Papers on Risk and Insurance Theory，1990，15（1）：55-71.

［4］Frantz R S. X-Efficiency：Theory，Evidence and Applications ［R］. Part of the Book Series：Topics in Regulatory Economics and Policy （TREP，volume 2），1990.

［5］Luenberger D G. Benefit Functions and Duality ［J］. Journal of Mathematical Economics，1992，21（5）：461-481.

［6］Luenberger D G. New Optimality Principles for Economic Efficiency and Equilibrium ［J］. Journal of Optimization Theory and Applications，1992，75（2）：221-263.

［7］Luenberger D G. Welfare from a Benefit Viewpoint ［J］. Economic Theory，1996，7（3）：445-462.

［8］Seegert N. Optimal Tax Portfolios：An Estimation of Government Tax Revenue Minimum-Variance Frontiers ［Z］. 2012.

［9］李俊青，杨玲玲. 不完全市场、惩罚函数及一般均衡 ［J］. 财经研究，2005，31（9）：27-37.

［10］莫里斯·阿莱. 无通货膨胀的经济增长 ［M］. 何宝玉，姜忠孝，译. 北京：北京经济学院出版社，1990.

［11］切萨雷·贝卡里亚. 论犯罪与刑罚 ［M］. 黄风，译. 北京：北京大学出版社，2008.

［12］王宏昌，林少宫. 诺贝尔经济学奖金获得者讲演集 ［M］. 北京：中国社会科学出版社，2008.

［13］约翰·罗. 论货币和贸易 ［M］. 朱泱，译. 北京：商务印书馆，1986.

第五章 冯·诺依曼一般均衡与
等效率原则

人生是永不停息的博弈过程，博弈意味着通过选择合适策略达到合意结果。作为博弈者，最佳策略是最大限度地利用游戏规则；作为社会的最佳策略，是通过规则引导社会整体福利的增加。

——冯·诺依曼

第一节 冯·诺依曼一般均衡模型

约翰·冯·诺依曼（1903—1957 年）是出生于匈牙利的美国籍犹太人数学家，理论计算机科学与博弈论的奠基者，在泛函分析、遍历理论、几何学、拓扑学和数值分析等众多数学领域及计算机科学、量子力学和经济学中都有重大贡献（Zalai，2004），是近代少有的博学的原创型大家。他开创性的思想丰富了各种学科。他在 1932 年普林斯顿研讨会上首次发表关于均衡经济增长的文章（Neumann，1945），不得不说的是，他在博弈论方面的开创性工作，对后来经济学的发展产生了深远的影响。他在 1928 年首次证明了两人零和博弈均衡的存在（Neumann，1928），他在 1944 年出版的《博弈论与经济行为》，是这一领域的开创性著作。博弈论是研究人类理性行为规则的一门独立的方法论学科，其研究领域比经济学更为广泛。

冯·诺依曼的一般均衡模型与当时同类模型具有很多共同点和联系。冯·诺依曼的模型一方面涉及经济均衡，另一方面也是现代数理经济学的先驱，在新古典主义经济学的影响下，它在几十年后才得到充分发展。冯·诺依曼首次将布劳威尔不动点定理推广应用于证明竞争均衡的存在。冯·诺依曼的模型解决了非常深层次的经济问题，毫不奇怪，它适用于大多数经济学派，适用于新古典主义、马克思主义或新李嘉图主义的理论框架。

因为上面提到的模型的优点，Weintraub（1983）认为冯·诺依曼的论文是数理经济学中最重要的一篇文章。然而，经济学家并不普遍认同他的判断。Koopmans（1974）在华沙的一次会议上赞扬了许多新颖的方法论，他认为冯·诺依曼论文的巨大影响力表明，一篇不是很好的经济学论文可以做出非常重要的贡献。萨缪尔森似乎也赞同 Koopmans 的结论，他在 1989 年的论文中试图降低冯·诺依曼模型在方法论上的重要性。尽管如此，他不得不承认："他短暂地闯入了我们的领域，从那以后，一切都变了。"（Samuelson，1989）

冯·诺依曼模型的出现与数理经济学的两个重要发展相一致，对数理经济学的发展产生了深远的影响，也部分地解释了数理经济学受到争议的原因。其中之一是 20 世纪 30 年代初，计量经济学作为一门独立的分支学科兴起。另一个与之密切相关的发展是公理化建模方法的逐步扩展。这种先验建模方法导致了从"事前"到"事后"的建模方法转变为"从希尔伯特的元数学中借鉴而来的建模哲学"，冯·诺依曼对此做出了重大贡献（Punzo，1989）。

形式公理化方法和数学推理的采用切实加速了数理经济学的发展，但是这种进步也付出了巨大的代价。研究的重点已经迅速从应用（具体）转向纯粹（抽象）。逻辑一致性和数学优雅性的要求超越了经验相关性。数学，因为缺乏足够安全的实验基础（Debreu，1991），越来越成为一个工具的逻辑演算，而不是提供手段，做出定量的经验预测。除了传统的意识形态和方法论的分裂，经济学专业进一步被语言（语言与数学）和方法论（分析—形式主义与历史—社会）分裂。马歇尔是现代经济学的创始人之一，他是第一个对数学在经济学中的广泛和不合理应用提出警告的人，因为它可能会让我们在追求智力玩具和想象问题时误入歧途。Neumann 和 Morgenstern（1947）也非常清楚其中的危险，不仅是在处理经济学等现实现象的科学中，而且对数学本身的发展也是如此。"当一门数学学科远离它的经验来源，或者更多……如果它间接地受到来自'现实'的想法的启发，……它就会变得越来越纯粹的美学化，越来越纯粹地倾注于艺术。"

尽管冯·诺依曼模型在很多方面都是经济学中先验（事前）模型的原型，但他经常警告不要滥用此类模型。冯·诺依曼没有继续对一般均衡抽象模型进行研究也许并非偶然。事实上，他不仅主张需要一种新的方法论，而且与摩根斯坦一起，为其他人在博弈论方面的工作树立了一个极好的榜样，几乎是从零开始建立了一个全新的学科。

一、冯·诺依曼一般均衡模型的建模和求解

1. 建模思路

冯·诺依曼认为，在经济中，生产发生在统一的、离散的时间段内，只有在这样的时间间隔才进行交换。根据这个假设，给定时期的输出只能在下一个时期使用。由于统一生产周期的假设，他不得不假设"较长生产周期的过程（必须）被分解为单位生产周期的单个过程，必要时引入中间产品作为附加产品"。他还假设"资本货物应该插入过程的两端；资本货物的磨损应该通过引入不同的磨损阶段来描述为不同的货物，对每一个阶段使用不同的过程"。这样，他实际上是把固定资本变成了流动资本，并假定资本流动都是周期性的。因此，他不必面对因适当衡量与生产密切相关的资本而造成的问题。

表 5-1 说明了模型的主要组成部分和基本核算框架。行（$i=1，\cdots，n$）表示商品，列（$j=1，\cdots，m$）表示经济过程。x_{ij} 表示在过程 j 中消费物品 i 的数量。Y_{ij} 表示在一段时间内在各种工序中生产和使用的货物数量。最后一列是货物的价格，最后一行是活动水平。冯·诺依曼假设 x_{ij} 不仅包含生产的直接物质投入，而且还包含从事生产的劳动力（及其家庭）的消费。为了简单起见，他还假定家庭消费只包括生活必需品。

表 5-1 冯·诺依曼模型建模基础表

	过程 1	$\cdots$	过程 j	$\cdots$	过程 m	价格
商品 1	$Y_{11} \vee X_{11}$	$\cdots$	$Y_{1j} \vee X_{1j}$	$\cdots$	$Y_{1m} \vee X_{1m}$	p_1
$\vdots$	$\vdots$	$\cdots$	$\vdots$	$\cdots$	$\vdots$	$\vdots$
商品 i	$Y_{i1} \vee X_{i1}$	$\cdots$	$Y_{ij} \vee X_{ij}$	$\cdots$	$Y_{im} \vee X_{im}$	p_i
$\vdots$	$\vdots$	$\cdots$	$\vdots$	$\cdots$	$\vdots$	$\vdots$
商品 n	$Y_{n1} \vee X_{n1}$	$\cdots$	$Y_{nj} \vee X_{nj}$	$\cdots$	$Y_{nm} \vee X_{nm}$	p_n
活动水平	x_1	$\cdots$	x_j	$\cdots$	x_m	

资料来源：Zalai E. The Von Neumann Model and Early Models of General Equilibrium [J]. Acta Oeconomica，2004，54（1）：3-38.

凭借这些假设，冯·诺依曼定义了一种抽象的准静态经济，在这种经济中，一旦达到均衡状态，生产和价格的比例就没有理由发生变化。准稳态经济的均衡是一种稳定状态，其中每个物理量（活动水平、各种商品的生产和使用）都以相同的恒定速率 λ 变化。在此基础上，建立了以下模型：

$$Y_{i1}+\cdots+Y_{im}=(1+\lambda)(x_{i1}+\cdots+x_{im}) \quad (i=1, \cdots, m) \tag{5-1}$$

经济体的均衡价格 $p_i(i=1, \cdots, n)$ 必须在所使用的每项活动中产生相同的资本回报率 π（冯·诺依曼称之为利息）。因此，价格（价格比率）可以通过以下一组方程来定义：

$$p_1 Y_{1j}+\cdots+p_n Y_{nj}=(1+\pi)(p_1 X_{1j}+\cdots+p_n X_{nj}) \quad (j=1, \cdots, m) \tag{5-2}$$

式（5-1）和式（5-2）两端同时除以相应的活动水平 $x_j(b_{ij}=Y_{ij}/x_j$，$a_{ij}=X_{ij}/x_j)$，可得到以下表示均衡条件的对偶方程组：

$$b_{i1}x_1+\cdots+b_{im}x_m=(1+\lambda)(a_{i1}x_1+\cdots+a_{im}x_m) \quad (i=1, \cdots, n) \tag{5-3}$$

$$p_1 b_{1j}+\cdots+p_n b_{nj}=(1+\pi)(p_1 a_{1j}+\cdots+p_n a_{nj}) \quad (j=1, \cdots, m) \tag{5-4}$$

方程式（5-3）和式（5-4）中，通常方程比变量更多，因此方程组可能根本没有解。

为了解决这个问题，冯·诺依曼放宽了均衡条件。一方面，他引入了一些商品供应过剩的可能性；另一方面，他还引入了一些工序的额外成本。为了符合供求规律，采用了两条规则来补充上述假设。也就是说，任何供给过剩的商品都是免费商品，因此它的价格为0；不能产生最大回报率的活动将不能用于均衡模型（闲置活动规则）。因此，均衡条件应该作为一个互补问题，用以下系统代替方程式（5-3）和方程式（5-4）：

$$\sum_j b_{ij}x_j \geqslant (1+\lambda)\sum_j a_{ij}x_j \tag{5-5}$$

$$p_i \sum_j b_{ij}x_j = (1+\lambda)p_i \sum_j a_{ij}x_j \tag{5-6}$$

$$\sum_i p_i b_{ij} \leqslant (1+\pi)\sum_i p_i a_{ij} \tag{5-7}$$

$$x_j \sum_i p_i b_{ij} = (1+\pi)x_j \sum_i p_i b_{ij} \tag{5-8}$$

以上模型中 $i=1, \cdots, n$；$j=1, \cdots, m$。

可以看出，均衡条件只取决于变量 x_j 和 p_i 的相对大小。如果 x 和 p 的某些值满足上述方程，那么只要 s 和 v 是正标量，那么 sx_j 和 vp_i 也满足。为了排除平凡解，冯·诺依曼将它们的和设置为 $1\left(\sum_j x_j = \sum_i p_i = 1\right)$，即将它们的域限制为所谓的标准（单位）单纯形。

观察到通过将不等式（5-5）和不等式（5-7）的两边分别乘以相应的（补充的）p_i 和 x_j 变量，并归并为一式，可以得到以下一系列不等式：

$$(1 + \lambda) \sum\nolimits_{ij} p_i a_{ij} x_j \leqslant \sum\nolimits_{ij} p_i b_{ij} x_j \leqslant (1 + \pi) \sum\nolimits_{ij} p_i a_{ij} x_j \qquad (5-9)$$

由上述不等式可以得出两个重要结论。首先，如果总产值 $\sum\nolimits_{ij} p_i b_{ij} x_j$ 为正值，则 $\lambda = \pi$，即均衡增长率和利率（资本收益率）相等。其次，如果 $\lambda = \pi$，则式（5-5）和式（5-7）的解自动满足互补松弛条件。冯·诺依曼假设，对于所有 i 和 j，都有 a_{ij}，$b_{ij} \geqslant 0$ 且 $a_{ij} + b_{ij} > 0$，即每种商品都作为输入和（或）输出参与了每项活动。上述假设保证了在任何可行（原始）解的情况下，总产出的价值将是正的，因此均衡增长率和利率是否相等取决于模型的系数。同样的条件也意味着，满足了互补松弛条件。

2. 模型求解①

引进均衡增长因子 $\alpha = 1 + \lambda$ 和利率因子 $\beta = 1 + \pi$，则式（5-6）和式（5-8）可简化为：

$$\boldsymbol{x}, \boldsymbol{p} \geqslant 0, \alpha > 0 \qquad (5-10)$$

$$\boldsymbol{lx} = \boldsymbol{pl} = 1 \qquad (5-11)$$

$$\boldsymbol{Bx} \geqslant \alpha \boldsymbol{Ax} \qquad (5-12)$$

$$\boldsymbol{pB} \leqslant \beta \boldsymbol{pA} \qquad (5-13)$$

其中，$\boldsymbol{x} = (x_j)$，$\boldsymbol{p} = (p_i)$，$\boldsymbol{A} = (a_{ij})$，$\boldsymbol{B} = (b_{ij})$，$\boldsymbol{l}$ 元素都是 1 的求和向量。

矩阵 A 叫生产矩阵，矩阵 B 叫消费矩阵，(A, B) 是一个 $m \times n$ 的非负矩阵，表示一个经济系统，并且有如下假定：

假定 I：所有的商品都被消费，同时是被生产出来的。

$b_{\cdot j} > 0$，$\forall j = 1, \cdots, n$

假定 II：没有免费午餐。

$a_{i, \cdot} > 0$，$\forall i = 1, \cdots, m$

定义：技术扩张问题。

$$\max_{\alpha} \alpha$$

s. t. $\boldsymbol{xB} \geqslant \alpha \boldsymbol{xA}$

---

① Sargent T J, Stachurski J. Quantitative Economics with Python Von Neumann Growth Model（and a Generalization），A lecture note on Internet.

满足上述两个假定时，α 的最大值存在且为正数。最大值叫作技术扩张率，用 α_0 表示。对应最优密度向量 x_0。

定义：经济扩张问题。

$$\max_{\beta} \beta$$

s. t. $Bp \geq \beta Ap$

满足上述两个假定时，存在一个最小值 $\beta_0 > 0$，叫作经济扩张率。对应最优价格向量 p_0。

冯·诺依曼给出了一个严格的证明，证明了上述系统的解存在，其证明结果可表述为下面的定理：

定理：如果经济 (A, B) 满足假定 I 和假定 II，则存在 (γ^*, x_0, p_0)，满足以下条件：

$$x_0 B \geq \gamma^* x_0 A$$

$$Bp_0 \leq \gamma^* Ap_0$$

$$x_0 (B - \gamma^*) p_0 = 0$$

其中，$\gamma^* \in [\beta_0, \alpha_0] \subset \mathbf{R}$。

证明思路如下：若满足假定 I 和假定 II，则分别求解技术和经济扩张问题，可求出 (α_0, x_0) 和 (β_0, p_0)。当 $\gamma^* \notin [\beta_0, \alpha_0]$ 时，问题无解。当 $\gamma^* \in [\beta_0, \alpha_0]$ 时，有 $x_0 B \geq \alpha_0 x_0 A \geq \gamma^* x_0 A$ 和 $Bp_0 \leq \beta_0 Ap_0 \leq \gamma^* Ap_0$，两个不等式联立有：

$$x_0 (B - \gamma^*) p_0 = 0$$

该定理的意义：只要满足假定 I 和假定 II，均衡一定存在。但该定理未排除不生产任何物品，即 $x_0 Bp_0 = 0$ 的情况。为了消除这种平凡解，Kemeny 等（1956）增加了一个条件：$x_0 Bp_0 > 0$，并证明了该条件不影响均衡解的存在。

二、冯·诺依曼一般均衡模型的应用

1. 在两人零和博弈中的应用

Hamburger 等（1967）首先发现冯·诺依曼一般均衡模型可以用来求解两人零和博弈问题。以下简要介绍他们的方法。

假定：C 是 $m \times n$ 的支付矩阵，其中元素代表从最小化列玩家到最大化行玩家的收益，并假设玩家可以使用混合策略。

因此有：

行玩家选择 m 维向量 $\boldsymbol{x} > 0$，约束条件是 $\boldsymbol{l}_m \boldsymbol{x} = 1$；

列玩家选择 n 维向量 $\boldsymbol{p} > 0$，约束条件是 $\boldsymbol{l}_n \boldsymbol{p} = 1$。

定义：$m \times n$ 矩阵博弈 $\boldsymbol{C}$，有混合策略解，如果有下列条件存在，即

$$\boldsymbol{x}^* \boldsymbol{C} \boldsymbol{e}^j \geq V(\boldsymbol{C}), \quad \forall j \in \{1, \cdots, n\}$$

$$\boldsymbol{e}^i \boldsymbol{C} \boldsymbol{p}^* \leq V(\boldsymbol{C}), \quad \forall i \in \{1, \cdots, m\}$$

则 $V(\boldsymbol{C})$ 称为博弈的值。

由上面的定义可以看出，$V(\boldsymbol{C})$ 有两种不同的表达：

通过适当的混合策略，无论列玩家选择什么，行玩家至少可以保证自己赢得最大化。

通过适当的混合策略，无论行玩家选择什么，列玩家至少可以保证自己赢得最大化。

纳什定理和冯·诺依曼最小最大定理都表明，有限次的两人零和游戏总有最优的混合策略。

$$V(\boldsymbol{C}) = \max_x \min_p \boldsymbol{x}\boldsymbol{C}\boldsymbol{p} = \min_p \max_x \boldsymbol{x}\boldsymbol{C}\boldsymbol{p} = (\boldsymbol{x}^*)\boldsymbol{C}\boldsymbol{p}^*$$

2. 两人零和博弈与线性规划的联系

有限两人零和博弈的纳什均衡可以通过线性规划求解。为了说明，引入以下记号：

对于给定的 x，假定 v 是最小化问题的解：$v \equiv \min_p \boldsymbol{x}\boldsymbol{C}\boldsymbol{p} = \min_j \boldsymbol{x}\boldsymbol{C}\boldsymbol{e}^j$；

对于给定的 p，假定 u 是最大化问题的解：$u \equiv \max_x \boldsymbol{x}\boldsymbol{C}\boldsymbol{p} = \min_i (\boldsymbol{e}^i)\boldsymbol{C}\boldsymbol{p}$。

从局中人追求最大化的角度，最大最小问题可以转换成以下线性规划问题：

$$V(\boldsymbol{C}) = \max \ v$$

s. t. $v\boldsymbol{l}'_n \leq \boldsymbol{x}\boldsymbol{C}$

$$\boldsymbol{x} \geq \boldsymbol{O}_n$$

$$\boldsymbol{l}_n \boldsymbol{x} = 1$$

局中人追求最大化的角度，最小最大问题可以转换成以下对偶线性规划问题：

$$V(\boldsymbol{C}) = \min \ u$$

s. t. $u\boldsymbol{l}'_m \leq \boldsymbol{C}\boldsymbol{p}$

$$\boldsymbol{p} \geq \boldsymbol{O}_m$$

$$\boldsymbol{l}_m \boldsymbol{p} = 1$$

其中，$\boldsymbol{O}_n$，$\boldsymbol{O}_m$ 分别为元素均为 0 的 n 维和 m 维列向量。

通过上面的线性规划模型，假定Ⅰ和假定Ⅱ可以重新表达为：

$V(-A) < 0$ 和 $V(B) > 0$

证明思路如下：由 $V(B) > 0$ 可知 $x_0B \gg 0$，因为 B 非负，这就要求 B 的每一行至少有一个正的分量，这就是假定Ⅰ。

由假定Ⅰ和 $p > O_m$，可知 $Bp > 0$。这意味着总有 x 使得 $xBp > 0$，进而 $V(B) > 0$，这就是假定Ⅱ。

第二节　冯·诺依曼一般均衡模型与等效率原则

一、冯·诺依曼一般均衡模型与线性规划的关系

1. 线性规划模型及其对偶模型

假定有如下线性规划模型（原模型）：

$$\min \ z = \sum_{i=1}^{m} c_i x_i$$

$$\text{s. t.} \begin{cases} a_{11}x_1 + \cdots + a_{1m}x_m \geq b_1 \\ a_{n1}x_1 + \cdots + a_{nm}x_m \geq b_n \end{cases}$$

$x_i \geq 0 \quad (i = 1, \cdots, m)$

原模型就是冯·诺依曼一般均衡模型中的技术扩张方程，其经济意义是求成本最小的产品组合 $x_i(i = 1, \cdots, m)$。

其对偶模型如下：

$$\max \ \omega = \sum_{j=1}^{n} y_j b_j$$

$$\text{s. t.} \begin{cases} a_{11}y_1 + \cdots + a_{n1}y_n \leq c_1 \\ a_{1m}y_1 + \cdots + a_{nm}y_n \leq c_m \end{cases}$$

$y_j \geq 0 (j = 1, \cdots, n)$

其中向量 $(c_1, \cdots, c_m)$ 在原模型中，为资源约束向量。

对偶模型就是冯·诺依曼一般均衡中的经济扩张方程，其经济意义是预算约束下的最大产出 $y_j(j = 1, \cdots, n)$。

2. 经济扩张方程中产出矩阵 **B** 的含义

在冯·诺依曼模型中，投入矩阵 **A** 与线性规划原模型相同。产出矩阵 **B** 虽然在线性规划模型中不存在，但可以由现行规划的资源向量和价格向量构造出来。

因假定产品和资源是同样的，所以价格向量$(c_1, \cdots, c_n)$也是资源 $b_j(j = 1, \cdots, n)$在产品中的价格。因此冯·诺依曼的模型中矩阵 **B** 可表达为：

$$A = \begin{bmatrix} a_{11} & \cdots & a_{1n} \\ \vdots & \vdots & \vdots \\ a_{m1} & \cdots & a_{mn} \end{bmatrix}$$

$$B = \begin{bmatrix} b_1 \\ \vdots \\ b_n \end{bmatrix} \begin{bmatrix} c_1 & \cdots & c_m \\ \vdots & \vdots & \vdots \\ c_1 & \cdots & c_m \end{bmatrix} = \begin{bmatrix} c_1 b_1 & \cdots & c_m b_1 \\ \vdots & \vdots & \vdots \\ c_1 b_n & \cdots & c_m b_n \end{bmatrix}$$

于是冯·诺依曼原文中[①]的 α 和 β 可表示为：

$$\alpha = \min_j \frac{\begin{bmatrix} c_1 b_1 & \cdots & c_m b_1 \\ \vdots & \vdots & \vdots \\ c_1 b_n & \cdots & c_m b_n \end{bmatrix} \begin{bmatrix} x_1 \\ \vdots \\ x_m \end{bmatrix}}{\begin{bmatrix} a_{11} & \cdots & a_{1m} \\ \vdots & \vdots & \vdots \\ a_{n1} & \cdots & a_{nm} \end{bmatrix} \begin{bmatrix} x_1 \\ \vdots \\ x_m \end{bmatrix}} = \frac{\begin{bmatrix} c_1 b_1 & \cdots & c_m b_1 \\ \vdots & \vdots & \vdots \\ c_1 b_n & \cdots & c_m b_n \end{bmatrix} \begin{bmatrix} x_1 \\ \vdots \\ x_m \end{bmatrix}}{\begin{bmatrix} b_1 \\ \vdots \\ b_n \end{bmatrix}} = \begin{bmatrix} c_1 & \cdots & c_m \\ \vdots & \vdots & \vdots \\ c_1 & \cdots & c_m \end{bmatrix} \begin{bmatrix} x_1 \\ \vdots \\ x_m \end{bmatrix} = \begin{bmatrix} z_1 \\ \vdots \\ z_n \end{bmatrix}$$

其中，$\begin{bmatrix} c_1 b_1 & \cdots & c_m b_1 \\ \vdots & \vdots & \vdots \\ c_1 b_n & \cdots & c_m b_n \end{bmatrix} ./ \begin{bmatrix} b_1 \\ \vdots \\ b_n \end{bmatrix}$。点除 $(./)$ 表示矩阵的列（行）向量与资源向量（价格向量）对应元素相除。

$$\beta = \max_i \frac{\begin{bmatrix} y_1 \\ \vdots \\ y_n \end{bmatrix}' \begin{bmatrix} c_1 b_1 & \cdots & c_m b_1 \\ \vdots & \vdots & \vdots \\ c_1 b_n & \cdots & c_m b_n \end{bmatrix}}{\begin{bmatrix} y_1 \\ \vdots \\ y_n \end{bmatrix}' \begin{bmatrix} a_{11} & \cdots & a_{1m} \\ \vdots & \vdots & \vdots \\ a_{n1} & \cdots & a_{nm} \end{bmatrix}} = \frac{\begin{bmatrix} y_1 \\ \vdots \\ y_n \end{bmatrix}' \begin{bmatrix} c_1 b_1 & \cdots & c_m b_1 \\ \vdots & \vdots & \vdots \\ c_1 b_n & \cdots & c_m b_n \end{bmatrix}}{\begin{bmatrix} c_1 \\ \vdots \\ c_m \end{bmatrix}'} = \begin{bmatrix} y_1 \\ \vdots \\ y_n \end{bmatrix}' \begin{bmatrix} b_1 & \cdots & b_1 \\ \vdots & \vdots & \vdots \\ b_n & \cdots & b_n \end{bmatrix} = \begin{bmatrix} \omega_1 \\ \vdots \\ \omega_m \end{bmatrix}'$$

---

① 参见原书第 4 页公式（10）和公式（11）。

假定：

$\alpha = \{ \min z_j \mid j=1, \cdots, n \}$；

$\beta = \{ \max \omega_i \mid i=1, \cdots, m \}$。

则当 $\alpha = \beta$ 时，表示经济系统存在鞍点，在鞍点处经济系统均衡。

3. 鞍点处经济效率为1

在冯·诺依曼模型中，经济扩展方程的最优值是最大产出，而技术扩展方程的最小值是最小成本，当两者相等时，经济效率 $\theta = \alpha / \beta = 1$。这与等效率原则中给出的一般均衡的充要条件是一致的。

4. 两人零和博弈的等效率原则解法

因为二人零和博弈的均衡解也是纳什均衡，所以可以通过等效率原则来求解。以下举例来说明博弈模型的效率原则的求解方法。

局中人B

	L, π_2		$R, 1-\pi_2$	
局中人A $\quad U, \pi_1$	1	2	0	4
$U, 1-\pi_1$	0	5	3	2

设行玩家选 U 的概率为 π_1，列玩家选 L 的概率为 π_2，则由等效率原则可知 $\theta_A = \theta_B = 1$，因此有：

$$\theta_A = \frac{2\pi_1 + 5(1-\pi_1)}{4\pi_1 + 2(1-\pi_1)} = 1$$

$$\theta_B = \frac{\pi_2}{3(1-\pi_1)} = 1$$

解得：$\pi_1 = 0.6$，$\pi_2 = 0.75$。

二、冯·诺依曼一般均衡模型的讨论

1. 冯·诺依曼一般均衡模型的最优解是局部均衡解

在冯·诺依曼模型中，最需要指出的是他给出的是局部均衡解，而不是一般均衡解。因为一般均衡不是某种具体约束条件下的最优。普通的线性规划模型及其对偶模型多数情况下会有最优解，这说明什么？一般均衡很容易达到吗？显然不是，这只是给定约束条件下的最优解。然而一般均衡只有一个约束条件，就是总供给等于总需求，或者总收益等于总成本，或者叫作超额需求为0。

为此，将前面给出的一般均衡价格 $p^* = [\underbrace{1, \cdots, 1}_{n\text{个}}; \underbrace{1, \cdots, 1}_{m\text{个}}]$ 代入线性规划方程(均衡时约束条件都取等式)，即 $c = [\underbrace{1, \cdots, 1}_{m\text{个}}]$，$y = [\underbrace{1, \cdots, 1}_{n\text{个}}]$，于是根据对偶定理有原模型与对偶模型的最优值相等：

$$\sum_{j=1}^{n} y_j b_j = \sum_{i=1}^{m} c_i x_i \qquad (5-14)$$

将 p^* 代入式（5-14）：

$$\sum_{i=1}^{m} x_i = \sum_{j=1}^{n} b_j \qquad (5-15)$$

式（5-15）为一般均衡的实物恒等式，与瓦尔拉斯和阿罗-德布鲁的证明一致。

与此均衡解相比，冯·诺依曼模型的任何解都是局部均衡解，因为一般均衡解，除了瓦尔拉斯定律，没有其他约束条件。冯·诺依曼的模型没有否认平凡解的存在，但也没有指出这个解的存在。

2. 冯·诺依曼与瓦尔拉斯和阿罗-德布鲁一般均衡模型的对比

第一，回顾第三章瓦尔拉斯一般均衡证明过程中的式（3-14）：

$$\sum_{i=1}^{n} P_i D_i = \sum_{i=1}^{n} P_i S_i \qquad (5-16)$$

将 $p^* = [\underbrace{1, \cdots, 1}_{n\text{个}}]$ 代入式（5-16），有：

$$\sum_{i=1}^{n} D_i = \sum_{i=1}^{n} S_i \qquad (5-17)$$

第二，回顾第三章阿罗-德布鲁一般均衡证明过程中的表达式（3-28）：$\max\limits_{x_i} u_i(x_i)$；s. t. $px_i = p\omega_i$

将 $p^* = [\underbrace{1, \cdots, 1}_{n\text{个}}]$ 代入预算约束，有：

$$\sum_{j=1}^{m} x_j = \sum_{j=1}^{m} \omega_j \qquad (5-18)$$

对比式（5-16）、式（5-17）和式（5-18），可以发现三者都是与价格无关的产品数量和消费数量的恒等式。这是因为均衡价格是相对价格且等于1造成的结果。看上去一般均衡仿佛跟价格无关。正如本书在前文中分析的那样，这个相对价格表示在一般均衡时，所有商品和要素的价格都等于某一个固定的价格，这个价格就是无风险资产利率。

第三节　大道定理与等效率原则

大道定理（Turnpike Theorem）描述的是经济系统均衡增长的最优路径和实现过程，证明了经济长期均衡增长存在着有效的资本积累路径。用 Dorfman 等（1958）的话描述就是："它就像一条与小路网络平行的高速公路。……如果出发地和目的地距离足够远，那么上高速公路并以最佳行驶速度走完距离总是值得的，即使这意味着在两端增加一点里程。"

现在大道定理已经没有 20 世纪 70 年代那么火热了，一个主要原因是人们并未找到这样一个可以一直保持均衡的增长路径。本部分应用等效率原则，检验大道定理推导过程，并试图发现其推导过程中存在的问题。

一、大道定理简介

Dorfman 等（1958）利用冯·诺依曼的一般均衡模型建立了一个资本积累效率的模型。他们找到了一条从某时期初的资本存量开始到资本积累过程结束，即期末资本存量最大的路径。结论是："但是最大的稳定增长，以冯·诺依曼速率和特定比例的增长，是特殊的。一方面，它是有效的；事实上，更是如此。从长远来看，最大限度的均衡增长在某种意义上是经济扩张的最佳方式。"资本积累的大道定理的概念由萨缪尔森于 1949 年首次提出，指经济均衡增长是资本存量最优增长路径。

从理论渊源上看，大道定理之前的相关理论除了本章前面介绍过的冯·诺依曼一般均衡模型，还与探讨最优储蓄的拉姆齐模型关系密切（Ramsey，1928）。

1. 拉姆齐模型

考虑一个最简单的可能情形，在这项研究中，拉姆齐想解决的问题：只有产出，可以是兔子、树木和金币——可以在时点 t 作为投入生产它自己，并成为时点 $t+1$ 的产出。$t+1$ 时刻的产出可以被分为两个非负部分：消费 $C(t+1)$ 和下一个时期的输入 $x(t+1)$。考虑最简单的线性假设，即 1 单位的投入会在下一时期产生 1 单位的产出，其中 a 是给定的技术常数，并且规模报酬不变。因此，在时间 $t+2$ 的总输出将是 $ax(t+1)$。任何时间段的生产函数都可以写成：

$$C(t+1)+x(t+1)\leqslant ax(t) \tag{5-19}$$

其中，$x(t)$，$x(t+1)$，$C(t+1)$ 均非负。

如果从时点 $t=0$ 消费了 K 单位的货物开始，则当前消费和未来投入之间的选择由下式给出：

$$C(0)+x(0)\leqslant K \tag{5-20}$$

如果左端最大化，则可以删除不等式。

消费者在 $t+1$ 时刻的选择，由下式给出：

$$C(1)+x(1)\leqslant ax(1)\leqslant a\{a[K-C(0)-C(1)]\} \tag{5-21}$$

在任意时期，有：

$$C(n)+x(n)\leqslant a^n K-a^n C(0)-a^{n-1}C(1)-\cdots-aC(n-1) \tag{5-22}$$

式（5-22）可改写为：

$$C(0)+\frac{C(1)}{a}+\frac{C(2)}{a^2}+\cdots+\frac{C(n)}{a^n}+\frac{x(n)}{a^n}\leqslant K \tag{5-23}$$

不难发现式（5-22）是一个求现值的公式。由该式可以发现[①]：

$$MRS_{ji}=-\frac{\partial C(j)}{\partial C(i)}=a^{j-i} \tag{5-24}$$

式（5-24）有两种可能：一种是如果经济系统是"生产性的"，当 $a>1$，则一个单位的消费在未来可以产生更多的消费，因为它被推迟得越来越晚。在几何上随着 $j-i$ 的增加，效率轨迹越来越陡峭。在这种情况下，很容易达到最优状态。只要决定绝不浪费任何未消耗的产出，而是将其全部重新投入生产过程。可以通过线性规划的静态理论证明这个过程。动态过程可以压缩到静态框架中。另一种可能是 $a\leqslant 1$ 的情况，就是下面即将讨论的。

2. 大道定理的起点

在冯·诺依曼模型中，若所有的产出都被用来生产未来的产出（见图 5-1），则式（5-23）中，$0=C(0)=C(1)=\cdots=C(t)$，即所有时期的消费都为 0。于是 t 时刻的产出 $x(t)$：

$$x(t)=Ka^t \tag{5-25}$$

---

① 此处存在严重问题，因为均衡时所有商品边际替代率为 1。

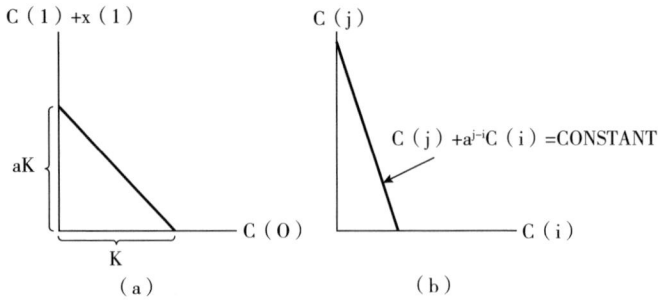

图 5-1　文献原图（11-1）

式（5-25）就是大道定理的起点，其含义是经济可以按增长因子 a 的时间指数均衡增长。其中 $a=\dfrac{x(t+1)}{x(t)}$。

在冯·诺依曼模型中，所有资源都可以同时用于生产和消费，各时期消费都为 0，意味着各时期的资源全部用来生产。所谓均衡是指式（5-25）中，每个时期的产出等于该时期的资本积累量，$t=0$ 时，$x(0)=K$。

二、大道定理不是均衡增长路径

式（5-25）显示出经济按时间指数增长的令人激动的形式，不过 Dorfman 等只假定了一个 $a>1$ 的情形。回顾式（5-24），它是式（5-25）的另一个基础，来自拉姆齐模型，其含义是任何两个时期消费的边际替代率等于这两个时期间隔的时期数为指数，增长因子为底数的幂函数，而底数是可以不大于 1 的。如果大道定理真是均衡增长路径，那么在任何时点 t 都应该处于均衡状态，而均衡状态的边际替代率 $a^t=1$，同样在时点 $t+n$ 的边际替代率也应为 1，因此必有：

$$a^t=\frac{x(t+n)}{x(t)}=1^n=1 \tag{5-26}$$

均衡时，式（5-26）就变成了 $x(t)=Ka^t=K$，这表明在时间线上，任何一个均衡点处的产出都无法表示成式（5-25）的样子。均衡时产出不存在指数增长关系，因为均衡时没有增长。回顾完全竞争市场一般均衡时的性质，所有企业的经济利润都是 0，都在盈亏平衡点上，何来增长？

如果在时间线上任何两个均衡点之间都存在一段非均衡增长的路径，在这段路径上增长因子 $a>1$，那么指数增长是有可能的，不过那不能叫均衡增长路径，而是非均衡增长路径。

举个通俗的例子：某大学生，$t=0$ 时刻毕业结余资金 $K=1.2$ 万元全部用于创业。该同学毕业后，拼命工作，经过 n 年拼搏，现在年收入 120 万元，全部消费处于均衡状态。假设增长因子 $a=1.3$，则由 $1.2×1.3^t=120$ 得得 $t=2/\log 1.3 ≈ 7.62$ 年。这 7 年多这位拼搏者是行走在均衡增长的大道上吗？他的财富必须每年增长 130% 才可能实现。这位拼搏者如何在 7 年不吃不喝（不消费是均衡增长的前提）的条件下保持这样的增长率？

Cliff 和 Vincent（1973）在综述大道定理的相关文献时，称找到了一个令人备受鼓励的实例（Motivating Example）。这个实例的指数增长是 Logistic 模型，是用来估算生物种群数量的一个经验公式，而不是财富的指数增长。

对于所谓均衡增长，罗宾逊夫人曾有一段精彩的点评："……麻烦的真正的来源是对均衡位置和积累过程历史的混淆，设想我们可以拍摄经济静态均衡的照片，……这种思想实验是允许的，但是通过放映机播放这些照片来获得动态积累过程是不能被允许的。"（Felipe and Fisher，2003）

第四节　等效率原则视角下的一般均衡理论纷争

一、关于一般均衡理论的批评

关于一般均衡理论的批评，自从该理论诞生之日起，就不曾停歇，到现在批评一般均衡理论的专著和文章已经不胜枚举。对卷帙浩繁的文献进行总结和评论显然已经超出了笔者的能力和精力。好在历史有继承性，后人可以在前人工作的基础上，展开研究和评论。本部分拟从一个新的视角展开评论，不是站在掌握了关于一般均衡理论所有文献完全信息的上帝视角，而是从一个普通研究者的角度，结合一篇批评一般均衡理论的会议论文——General Equilibrium：A Critique 提供的线索展开讨论，因为该会议论文涉及的问题比较全面，提供了一个比较好的讨论视角。笔者希望跟读者一起假定参加了这次理论研讨，并且可以随时发表自己的见解，可惜读者的见解这里听不到，所以只能记录笔者的见解（当然是基于等效率原则的），供大家批评。

1. **一般均衡理论：静态和动态**

一般均衡理论发展到今天，已经形成两个分支：一个是探讨一般均衡存在性、唯一性和稳定性的所谓静态理论；另一个是探讨均衡增长路径及其应用的动态均衡理论。所谓静态均衡是指，经济中所有数量保持不变；所谓动态均衡是指，经济中所有数量以相同的速率增长，增长率不变。例如，新古典增长模型，劳动人口数量、产出、资本存量都以相同的比率增长，劳动者人均产出和资本也不变。

一般均衡有以下三个性质：

P1：市场参与者行为一致；

P2：市场参与者没有改变行为的动机；

P3：均衡是某些动态过程的结果（稳定性）。

表 5-2 是对上述三条性质的解释。第一条性质是说，竞争均衡时需求等于供给，参与人行为一致是因为在价格均衡点需求量等于供给量。

第二条性质是说，参与者没有改变行为的动机，对自己当前状态很满意。需求方在均衡价格处实现了效用最大化：没有增加或减少消费量的打算；供给方在均衡价格处实现了利润最大化：没有增加或减少供给的打算。

第三条性质是说，当价格高于均衡价格的时候，价格受到向下的压力会回到均衡点。如果价格低于均衡点，会出现供给不足，进而推动价格上涨，回到均衡点。

表 5-2　均衡的性质

	需求-供给	收入-支出
P1	需求 = 供给	收入 = 支出
P2	实际交易 = 期望的交易	计划支出 = 实际支出
P2	均衡调整	乘数

资料来源：笔者整理。

2. **局部均衡和一般均衡**

所谓局部均衡就是假定所有经济变量是孤立的，研究范围外的所有变量都保持不变，在此基础上研究单个公司、消费者和厂商以及产业等。例如，需求和供给就是局部均衡模型，某些特定商品在市场上价格出清，与其他市场的价格和数量无关。表 5-3 列出了局部均衡和一般均衡的提出者、基本假定和主要特征。

表 5-3　局部均衡和一般均衡的区别

局部均衡	一般均衡
由马歇尔提出	瓦尔拉斯首先提出
关于单变量	多变量或者把经济作为整体考虑
基于两个假设 其他条件不变 一个部门的变化不影响其他部门	假定各部门互相依存，一个部门的变化会影响其他部门
其他事情保持不变，商品的价格是确定的	商品的价格同时和相互确定，因此所有产品和要素市场同时处于均衡状态

资料来源：笔者整理。

3. 一般均衡理论的沿革

古典经济学家：古典经济学家们有一个强有力的均衡概念。他们认为，经济随着时间的推移而集中并在扰动后恢复状态。亚当·斯密的"看不见的手"指导着市场参与者和分配机制。李嘉图、马克思和杰文斯都认识到经济中稳定均衡的概念和市场之间交互作用（一般均衡）的重要性，但他们没有在数学上将这些概念形式化。1890 年马歇尔（1842—1924 年）提出了用于局部分析的供需图，称为马歇尔分析。

新古典经济学家：杰文斯（1835—1882 年）出生在英格兰，1871 年出版了《政治经济学理论》；门格尔（1840—1921 年）出生在奥地利，1871 年出版了《国民经济学原理》；瓦尔拉斯（1834—1910 年）是法国数学家、经济学家。

安东尼·奥古斯丁·古诺是法国哲学家和数学家。1838 年其著作《财富理论的数学原理的研究》开启了数学公式和符号在经济分析中的应用。古诺在经济分析中体现了他的函数和概率思想，提出了作为价格函数的供求规律的第一个公式，他也是第一个在图表上绘制供求曲线的人，比马歇尔早 30 年。古诺的双寡头模型，体现了纳什均衡、反应函数和最佳响应动力学思想。古诺等人很清楚局部均衡分析只是一个特例，多重市场互动更具普遍性。可惜他们没有建立起一般均衡的数学模型。

1874 年瓦尔拉斯在《纯粹经济学要义》中成功地建立了一般均衡的数学模型。熊彼特曾称赞瓦尔拉斯道："瓦尔拉斯是……所有经济学家中最伟大的。他的经济均衡体系将革命性和创造性的品质与经典综合的品质结合起来，是经济学家唯一可以与理论物理学成就相媲美的著作。"瓦尔拉斯方程被熊彼特称为"经济学中的大宪章"。这些关于交换、生产和资本形成的模型有两种解的概念：一种是理论上的，或者说是数学的、科学的解；另一种是经验或者实用的解。所谓理论解是指描述静态均衡条件的一般代数方程的解。经验解则是描述动态调整过程的功能方程系统的（固定）解，被瓦尔拉斯称为探索或试错（Tâtonnement）过程。例如，在交换模型中，差分方程体现瓦尔拉斯价格调整规则，后来又称为"拍卖师法则"或"供求法则"。瓦尔拉斯的 Tâtonnement 在法语中意为摸索，是一系列试错过程，是探讨均衡稳定性的模型，也是一种同时拍卖。Tâtonnement 的过程：（拍卖师）公布价格，市场参与人说明他们的供求数量，有超额供给则价格下降，有超额需求则价格上升。

弗朗西斯·伊西德罗·埃奇沃思（1845—1926 年）是英国政治经济学家，是对新古典经济学发展有重要影响的人物。他第一个将规范的数学技术用于经济中的个人决策分析，发展了效用理论，引入了无差异曲线和著名的埃奇沃思盒状图。埃奇沃思猜想（极限定理）也为人所知：随着经济中参与人数量的增加，经济体的核心会收敛于竞争均衡，使得终结点完全确定，这个点就是价格接受的完美均衡。埃奇沃思猜想（极限定理）的最终表述：没有竞争的契约是不确定的，完全竞争的契约是完全确定的，与完全竞争的差距是对契约不确定性的度量。

维尔弗雷德·帕累托（1848—1923 年）是意大利工程师、社会学家、经济学家、政治学家和哲学家，在收入分配研究和个人选择分析方面有突出贡献，提出了帕累托效率的概念，第一个发现收入遵循帕累托分布，即幂律分布。帕累托体系不同于瓦尔拉斯的供求体系，他认为一切都在"品味和障碍"结构中，而不是旧的洛桑-瓦尔拉斯体系的"供求"功能。帕累托的研究包括三个不同的部分：①品位研究；②障碍研究；③研究前两个要素结合起来达到均衡。帕累托研究方法的特点：专注价格协商中和多市场情形下的市场参与者优化，因此强调差异性和效率。帕累托对瓦尔拉斯系统的主要贡献：家庭通过效用最大化活动来选择它们的要素供给和商品需求，而企业通过利润最大化活动来决定它们对要素的需求和商品的生产（供给）。帕累托系统的优势是简单的图形直觉、无差异曲线、埃奇沃思盒状图、生产可能性曲线和社区无差异图等，但也付出了一个很大的成本，如不得不假设函数可微。

4. 一般均衡理论

第一，一般均衡的定义。如果特定商品的市场处于均衡状态，则在所有商品的当前价格下，潜在买家需求的商品数量等于潜在卖家供应的数量。如果经济中的每个市场都处于均衡状态，则该经济处于一般均衡状态。

第二，瓦尔拉斯定律。超出市场需求（或供给）的价值一定等于 0，即 $\sum pd - \sum ps = 0$，或者 $\sum p(d - s) = 0$，或者 $\sum pe = 0$，只要有一个市场超额需求为 0，那么其他市场的超额需求一定为 0。

瓦尔拉斯定律：$\forall p,\ p \cdot e(p) = 0$。

假设 i 表示市场参与人，j 表示商品，w_{ij} 表示参与人 i 对商品 j 的禀赋。

预算约束：$\sum_j p_j x_{ij} = \sum_j p_j w_{ij}$；

超额需求：$e_{ij} = x_{ij} - w_{ij}$，$\sum_j p_j e_{ij} = 0$；

若将超额需求按人相加，则有：$e_j = \sum_i e_{ij}$，$\sum_j p_j e_j = 0$。

以上就是瓦尔拉斯定律。这个定律对所有价格 p 都成立，无论是不是均衡价格。

5. 一般均衡的存在性

自瓦尔拉斯以来，竞争均衡的存在性一直是一个谜。瓦尔拉斯知道方程数等于未知数个数不足以保证方程有解，这个问题被搁置了数十年。如果不能确定应许之地的存在，市场力量引导经济达到平衡点的想法将毫无意义。

匈牙利数学家亚伯拉罕·沃尔德（1902—1950 年）在各种模型中证明了一般均衡的存在，每个模型都代表一般均衡系统的一个特例。1954 年阿罗和德布鲁、麦肯齐不约而同地意识到了不动点定理的重要性，并向美国经济学年会提交了论文。三人的两篇论文同时提交，阿罗和德布鲁分别在 1972 年和 1983 年获得诺贝尔经济学奖。

阿罗-德布鲁的模型是第一次严格证明。核心思想是构造一个经济模型，以便于应用在纳什均衡证明中提出的一个工具，其数学基础是布劳威尔不动点定理和角谷静夫不动点定理。阿罗-德布鲁直觉每个均衡点都是不动点，因而想到用不动点解释均衡（Debreu，1959）。

6. 一般均衡理论：批评

尼古拉斯·卡尔多（1908—1986 年）是后凯恩斯主义剑桥经济学家，在

"均衡经济学的无关性"（1972 年）中，卡尔多说："……盛行的价值理论——我简称为'均衡经济学'——作为一种处理经济力量运作方式的思想工具，或作为一种关于影响的重要预测工具，是贫瘠的与经济变化不相关的，无论（经济变化）是由政治行动还是由其他原因引起的。"

"我应该更进一步说，'均衡经济学'产生的思维习惯的强大吸引力已经成为经济学发展的主要障碍。经济学作为科学，科学这个词的含义是假定之上的理论、是可以实证的（通过观察），而且包含的假定也必须经得起设想（推理）和预测验证。"卡尔多呼吁展开"重大拆除行动"，"如果不破坏一般均衡理论的基本概念框架，经济学就不可能取得真正进步"。

卡尔多批评的第一条：他反对在均衡经济学中使用公理化假设。"与任何科学理论不同，基本假设是在对现象的直接观察基础上选择的，经济理论的基本假设要么是无法验证的——如消费者'最大化'他们的效用或生产者'最大化'他们的利润，要么是直接与观察相矛盾。……假设直接与观察相矛盾。""完全竞争、完全可分、线性同质和连续可微的生产函数、完全非个人的市场关系、价格在信息流中的排他性作用以及所有参与人对所有相关价格的完全了解和完全的远见……"

第二条：在市场的配置功能框架内赋予可替代性原则的首要地位，是以牺牲动态积累过程中的互补性原则为代价的。互补性至关重要，不仅在生产要素之间，而且在整个经济部门之间。

最后一条：在均衡经济学中主导理论的恒定收益的基本假设。一般均衡学派（与马歇尔不同）一直充分认识到收益递增的缺乏是系统的基本"公理"之一。结果，收益递增的存在及其对整个经济理论框架的影响被完全忽略了。

马克·布劳格（1927—2011 年）是经济史学家，他认为一再批评一般均衡理论及其公理化重新表述缺乏经验内容，因此没有任何科学价值（Blaug，2009）。

"如果我们能确定疾病的发病日期，那就是诺贝尔奖获得者阿罗和德布鲁于1954 年发表的一篇著名论文；正是这篇论文标志着微观经济学中心的恶性增长的开始。"

"阿罗-德布鲁的论文为去中心化经济中存在多市场均衡提供了严格的证据，瓦尔拉斯八十年前就提出了这一概念，但他未能令人信服地建立起来。""这个证明在数学标准上是严格的，但它需要一些明显违反经济现实的假设。例如，每种商品和所有未来时期的所有可能的意外事件都有远期市场，但没有人持有货币作为价值储存超过一个时期。""即便如此，阿罗-德布鲁也没有设法证明这种一般均衡是稳定的，因为它实际上是从我们开始的任何位置获得的。简而言之，阿罗-德布鲁的证明更多地与数学逻辑有关，而不是与经济有关。"

"他的论文很快成为试图成为经济学家的当代科学工作者的范本，在这个过程中很少有人注意到阿罗-德布鲁实际上已经放弃了激发愿景的瓦尔拉斯……对于瓦尔拉斯来说，一般均衡理论旨在对资本主义经济的运作进行抽象但又现实的描述，因此他更关心表明市场将通过价格调整来自动出清、应对正或负的过度需求——这是一种属性，他称之为'Tâtonnement'——而不是证明一组独特的价格和数量能够同时出清所有市场。""然而，当我们谈到阿罗和德布鲁时，一般均衡理论已经不再对实际经济系统提出任何描述性的主张，而是成为关于虚拟经济的纯粹形式工具。""它已成为罗纳德·科斯……的完美典范。曾称之为'黑板经济学'，这种模型可以用'价格''数量''生产要素'等术语写在黑板上，但它公然甚至可耻地无法代表任何可识别的经济体系。""如果经济学方法论中有原罪的话，则或多或少与阿罗-德布鲁的数学严谨性崇拜有关。"

本杰明·沃德认为强调形式主义（定量经济学）已导致严重忽视人类、社会和文化的相互关系现象，它们的相互依存关系，以及它们的影响尤其是经济学。极端强调方法论而不是强调实质性的改进，导致经济学家忽视人类和社会的相互关系和价值判断，从而使经济学家成为狭隘的专业技术人员而不是深厚的社会科学家（Ward，1972）。

Benetti 等（2004）认为各种涉及不动点定理的一般均衡存在性证明中，使用的映射没有一个符合供应规律要求。结论是使用不动点定理证明一般竞争均衡的存在不具有经济意义。"哦，这是关于单纯形的，"阿罗教授说道，"那你说得对。"这个简单的评论证实了我们的结果：映射并不代表供求规律。因此，使用不动点定理证明均衡存在缺乏经济意义。

最后是所谓 SMD（Sonnenschein-Mantel-Debreu）定理的挑战。该定理表明：对于一个连续的、齐次的零度函数，根据瓦尔拉斯定律，一个经济体中至少有与商品一样多的代理，因此，对于远离 0 的价格，该函数是该经济体的总需求函数。该定理的含义是如果 $e(p)=0$ 存在唯一解，则瓦尔拉斯均衡是唯一的；如果 0 是 $e(p)$ 的稳定点，则该均衡是稳定的。那么，我们对总超额需求的结构究竟了解多少呢？

只有 $e(p)$ 是连续的，价格为零度的齐次，满足瓦尔拉斯定律，并具有某些边界性质：特别是 $p \to 0$，$z(p) \to \infty$。给定一个经济体在某个价格向量 p 处均衡，该经济体可能在 p 附近的任意小价格邻域中具有任意数量的具有任意稳定性的均衡。一般均衡理论对超额需求函数的形状没有任何有意义的限制——从这个意义上说，超额需求函数是任意的，并且该理论缺乏信息。对这个定理的一个常见解释是，在一般均衡理论中，一切都会发生。如果没有非常特殊的假设（如 Cobb-Douglas 偏好或类似假设），则几乎任何比较静力学结果都可以在一般均衡模型中获得；一般均衡理论基本上没有经验内容（Starr，2012）。

二、等效率原则视角下的一般均衡理论

对存在性的批评意见可以从两个角度来看：假设我们还不知道这组均衡价格，可以称为事前评论，另一个角度就是事后评论。

1. 事前评论

（1）存在性。一般均衡理论中，那组均衡价格到底存不存在？现在存在的唯一证据，就是阿罗-德布鲁的证明。瓦尔拉斯方程的解找不到，那么他的方程组最多只能算一种关于均衡时经济系统的描述。纳什均衡的存在性倒是没人怀疑，但纳什均衡与一般均衡的关系又说不清。

阿罗-德布鲁的证明在数学上无疑是正确的，那为什么还有这么多人在质疑？既然数学上没错，那么质疑一定就是与经济学内容有关。归纳起来大致有三个问题：①假设不符合实际；②构造的函数经济意义不明确，甚至违背供求定律；③整个证明就是做了一道不动点定理应用的数学题，与经济学无关。

批评者们主要是科斯那类反对"黑板经济学"的人。他们多数是边际主义者，擅长用边际分析的方法，结合具体经济现象和过程，应用简单的数学工具来讲故事、说道理。他们无法接受简单粗暴的证明过程：为了应用数学定理，通过假设让经济学问题符合数学定理的前提，然后构造符合定理的辅助函数，之后证明结束了！假设是按照数学需要改造经济学问题，中间没有经济学，然后就突然结束了，整个过程没有给经济学露脸的机会，因此批评的实质还是方法论之争。

从边际革命开始，边际分析一直是经济分析方法的主流，但阿罗和德布鲁以后，形式化的分析方法突然占领了经济分析方法的高地，这在实质上造成了经济分析方法的断裂。经济分析的数学工具开始转向越来越高深的数学，仿佛数学工具越高深，经济学家的水平就越高。实际上，在数学家眼里经济学中的不动点之类的东西算不上什么高深的数学，如此一来，经济学家丢失了经济学一直以来的

务实精神，变成了脱离经济现象和过程实际的数学家。正如一位批评者的文章题目：找到了均衡，丢了经济学。

边际革命以来，边际主义者们几乎解释了所有的竞争行为，却没能完成一般均衡证明，阿罗-德布鲁证明了一般均衡的存在，却与边际分析无关，如同两端同时挖隧道，却没贯通，这应该是对一般均衡批评的根本原因。

（2）唯一性。对唯一性的批评一定是结合阿罗-德布鲁证明展开的，因为批评者们一个均衡点都没有找到，更不用说很多了。阿罗和德布鲁也说不清楚，因为不动点是否唯一不是经济学问题，而是数学问题。在数学上确实存在着不动点不唯一的可能，这就是对唯一性质疑的原因和理由。这也是经济学家用数学工具的尴尬，因为数学上的东西弄不清楚，连累到了经济学，其根本原因在于使用了自己不熟悉的工具，造成了说不清的后果。

（3）稳定性。笔者认为稳定性是一个伪问题，存在就是存在，哪怕就是一瞬间，均衡为什么要稳定？如果不是一定要稳定，那么还有稳定性问题吗？Scarf（1960）在其设计的批评稳定性的三个变量算例中，发现了均衡价格都是1，但他随后就否定了，说这是完全错误的。

2. 事后评论

本书给出了一般均衡解，而且证明了它的唯一性，所以关于存在性和唯一性的批评可以结束了。但所谓稳定性问题（如果能算问题的话）还是存在的，因为根据本书的研究，均衡不仅很难达到，而且很容易失去，根本原因是人的本性——追求经济利润的本性，使人们无法长期满足于均衡状态下的正常利润。

本章小结

本章的研究工作和主要结论如下：

第一，首先简要介绍了冯·诺依曼一般均衡模型的建模和求解过程，以及该模型与两人零和博弈及其与线性规划模型的联系。

第二，分析了冯·诺依曼一般均衡模型与线性规划模型在数学形式上的联系，指出了经济扩张方程中矩阵 B 的构造方法。

第三，通过将冯·诺依曼一般均衡模型与等效率原则进行对比，得到了以下结论：①两人零和博弈的均衡解是纳什均衡，均衡时局中人的效率都为1，与等效率原则一致。②冯·诺依曼一般均衡模型的解，是局部均衡解。因为在技术扩张方程和经济扩张方程中都有大量的约束条件，这些约束条件使模型中的市场变得具体和局部，失去了一般均衡市场的特点。因为在瓦尔拉斯和阿罗-德布鲁的模型中，只有瓦尔拉斯定律一个约束条件。③通过将第三章中给出的均衡价格p^*代入线性规划模型，证明了该价格是冯·诺依曼一般均衡模型的一个解，此时冯·诺依曼一般均衡模型退化成一个不含价格的实物恒等式，即产出的数量等于投入资源的数量，这个结果与瓦尔拉斯和阿罗-德布鲁的证明中的结果相同。

第四，分析了大道定理的推导过程，发现原著中有一个增长因子（经济学意义是消费品的边际替代率）$a>1$的假定，本书第三章已经证明在均衡时所有商品的边际替代率相等且等于1，$a>1$有指数（a^t）增长，$a=1$是均衡，因为a不能同时大于1又等于1，所以指数增长与均衡不能同时存在。因此，大道定理不是均衡增长路径。

第五，分析了关于一般均衡争论的原因，指出争论的背后是边际分析和形式化证明之间的方法论冲突。本书采用边际分析方法找到了一般均衡解，也在阿罗-德布鲁的证明中找到了等效率原则的影子，化解了这种冲突，找到了一般均衡的唯一解，争论有望平息。

本章参考文献

［1］ Arrow K J, Hahn F H. General Competitive Analysis ［M］. San Francisco：Holden-Day Inc. , 1971.

［2］ Benetti C, Nadal A, Salas C. The Law of Supply and Demand in the Proof of Existence of General Competitive Equilibrium ［Z］. 2004.

［3］ Blaug M. Ugly Currents in Modern Economics ［M］. Cambridge：Cambridge University Press, 2009.

［4］ Cliff E M, Vincent T L. An Optimal Policy for a Fish Harvest ［J］. Journal of Optimization Theory and Applications, 1973, 12 （5）：485-496.

［5］ Debreu G. The Mathematization of Economic Theory ［J］. The American Economic Review, 1991, 81 (1): 1-7.

[6] Debreu G. Theory of Value [M]. New York: John Wiley and Sons, 1959.

[7] Dorfman R, Samuelson P, Solow R M. Linear Programming and Economic Analysis [J]. Journal of Farm Economics, 1958, 40 (3): 772-774.

[8] Feiwel G R. Joan Robinson and Modern Economic Theory [M]. New York: New York University Press, 1989.

[9] Felipe J, Fisher F M. Aggregation in Production Functions: What Applied Economists Should Know [J]. Metroeconomica, 2003, 54 (2-3): 208-262.

[10] Hamburger M J, Thompson G L, Weil R L. Computation of Expansion Rates for the Generalized Von Neumann Model of an Expanding Economy, 1967, 35 (3/4): 542-547.

[11] Kemeny G J, Morgenstern O, Thompson G L. A Generalization of the Von Neumann Model of an Expanding Economy [J]. Econometrica, 1956, 24 (2): 115-135.

[12] Koopmans T C. Is the Theory of Competitive Equilibrium with It? [J]. The American Economic Review, 1974, 64 (2): 325-329.

[13] Neumann J V, Morgenstern O. Theory of Games and Economic Behavior [M]. Princeton: Princeton University Press, 1947.

[14] Neumann J V. A Model of General Economic Equilibrium [J]. Review of Economics Studies, 1945 (13): 1-9.

[15] Neumann J V. Zur Theorie der Gesellschaftsspiele [J]. Mathematische An-nellen, 1928 (100): 295-320.

[16] Punzo L F. Von Neumann and Karl Menger's Mathematical Colloquium [J]. Journal of the History of Economic Thought, 1989, 13 (1): 1-18.

[17] Ramsey F P. A Mathematical Theory of Saving [J]. The Economic Journal, 1928, 38 (152): 543-559.

[18] Samuelson P A, Nordhaus W D. Economics [M]. New York: McGraw-Hill, 1989.

[19] Scarf H. Some Examples of Global Instability of the Competitive Equilibrium [J]. International Economic Review, 1960, 1 (3): 153-172.

[20] Schumpeter J A. History of Economic Analysis [M]. Oxford: Oxford Uni-

versity Press, 1996.

[21] Starr R M. General Equilibrium Theory: An Introduction [M]. Cambridge: Cambridge University Press, 2012.

[22] Ward B. What's Wrong with Economics? [M]. New York: Basic Books, 1972.

[23] Weintraub E R. On the Existence of a Competitive Equilibrium: 1930-1954 [J]. Journal of Economic Literature, 1983, 21 (1): 1-39.

[24] Zalai E. The Von Neumann Model and Early Models of General Equilibrium [J]. Acta Oeconomica, 2004, 54 (1): 3-38.

第六章　应用等效率原则协调供应链

人们还往往把真理和错误混在一起去教人，而坚持的却是错误。

——歌德

　　截至目前，已经开展的等效率原则应用研究主要在三个方面：一是用来解释经济增长，提出了一个基于等效率原则的效率竞赛模型。该模型用连续不断的效率瓶颈转换来描述经济增长与波动，较好地反映了经济增长过程，在此基础上，通过分析消除效率瓶颈的过程，解释了经济增长的微观机理。二是在国际贸易理论研究中，提出了一个基于等效率原则的贸易理论——比较效率优势理论。这项研究针对的是现有国际贸易理论底层逻辑不一致，将比较优势中的成本换成效率，形成了一个底层逻辑一致的贸易理论体系。比较效率优势理论与现有贸易理论具有较大的兼容性和替代性。这部分研究目前已经完成，鉴于要另行出版，故这里不多介绍。三是在供应链管理领域，主要是基于等效率原则的供应链协调研究。尽管现在供应链协调方面的论著随处可见，但能看到的都是基于各种供应链契约的研究，基于等效率原则的供应链协调研究在学术期刊上基本看不到。本章首先简要介绍四种经典的供应链契约，然后与基于等效率原则的供应链协调方法对比，对比结果供读者和历史评判。

　　对于供应链协调这个问题，非管理专业的读者可能不太熟悉，不过如果告诉您这个问题本质上属于微观层面的效率和局部均衡（公平）问题，您就不会觉得陌生了，因此把这个问题放在本书中讨论，即使不考虑等效率原则的应用研究，也不能算跑题。

第一节　供应链契约简介

全球化和信息时代，产品和服务的生产和消费已经很少局限在一个国家内部，企业间以供应链形式开展跨国协作已经成为常态。供应链协调就是兼顾供应链上所有成员企业的效率和公平，形成目标和行动一致的战略合作伙伴关系，以应对复杂多变的国内外市场环境，建立和维持供应链的总体竞争优势。供应链契约是当前供应链协调的主要手段，供应链契约通过信息共享和激励等措施，促进买卖双方协同运作，以寻求帕累托改进，即在没有供应链成员利益受损的前提下，改善部分或全部成员企业的绩效。

一、供应链契约的类型

Clark 和 Scarf（1960）在研究多阶段库存理论时建立了一个交易策略模型，虽然没有正式提出契约概念，但是该模型已初具供应链契约雏形，1985 年 Pasternack 正式提出了供应链契约概念。以下主要介绍四种常见的供应链契约：批发价格契约（Wholesale Price Contract）、收益共享契约（Revenue Sharing Contract）、回购契约（Buy Back Contract）和数量弹性契约（Quantity Flexibility Contract）。

1. 批发价格契约

零售商根据市场调研、经验分析等方法预测产品的市场需求，根据预测需求直接向制造商预定产品，制造商根据零售商的订单进行生产。Bresnahan 和 Reiss（1985）首次提出批发价格契约，Spengler（1950）认为企业仅追逐自身的利益最大化会导致供应链产生双重边际效应，并由此引起了批发价格契约不能协调供应链的争议。比较一致的看法是批发价格契约不能协调供应链。

2. 收益共享契约

制造商给零售商较低的批发价格，零售商在售卖产品后将收益按一定比例分成给制造商弥补其自身损失。Cachon 和 Lariviere（1985）在经典批发价格合同的基础上增加收益分享部分。影碟租赁业是最早使用收益共享契约的行业。

3. 回购契约

制造商会在产品销售季节结束后以一个高于单件产品剩余价值的价格回购剩

余产品，该契约不仅可以维护品牌形象，还可以增加零售商的订购量。回购契约由 Jeuland 和 Shugan（1983）发现，但是他们并没有建立相关契约模型。通过研究发现：回购契约存在的原因与制造商需要维护自身品牌的形象有关。

4. 数量弹性契约

零售商可先在制造商处提交一个订单，制造商允许零售商在观测到产品的实际市场需求后在一定范围内对最初的订购量进行调整。在该契约中，零售商具有较大的灵活性。Barnes-Schuster（2000）以 Benetto 公司为研究对象，说明零售商使用数量弹性契约可以增加自身以及制造商的利润。

除了上述四种常见的供应链契约，还有期权契约等各种不断设计出来的契约类型，由于本章的重点是比较供应链契约和等效率原则在供应链协调中的异同，因此对其他类型的供应链契约不再做过多介绍。

二、供应链契约的基本模型

1. 基本假设

假定 1：所有契约均针对一条由一个制造商和一个零售商组成的二级供应链。

假定 2：产品是时令性的，订货周期较长，且前后周期的生产和销售情况对该周期没有影响。产品的市场需求随机。

假定 3：零售商在销售季节开始前先根据供应链契约模型确定一个订购量，销售季节开始后，如果实际的市场需求大于该订购量，零售商将会因为错失商机而增加成本，即产生缺货成本；如果实际的市场需求低于该订购量，零售商则会因过量持有产品而增加成本。

假定 4：相关变量和参数。

Q：零售商订货量，$Q \geq 0$；市场的随机需求为 x。其概率密度函数是可微函数 $f(x)$，$x \geq 0$ 时，$f(x) > 0$。其分布函数为 $F(x)$，$x \geq 0$ 时，$F(x)$ 可微、可逆。$F(0) = 0$，$\overline{F}(x) = 1 - F(x)$。

μ：市场对产品需求的期望值，$\mu = E(x) = \int_0^\infty t f(t) \, dt$。

p：产品在市场中的零售价格，是随机变量。其概率密度函数是 $\varphi(\cdot)$，分布函数是 $\phi(\cdot)$。

c：供应商单件产品的成本。

w：供应商决定给零售商单件产品的批发价格。

c_e：零售商的单位超量成本。

c_u：零售商的单位缺货成本。

v：销售季节结束后，单件产品的剩余价值，$v<c$。

$S(Q)$：零售商期望销售量 $S(Q)=E(Q \wedge x)$，含义是 $S(Q)=E[\min(Q, x)]$。

$I(Q)$：销售季节结束后，零售商剩余产品数量。

$L(Q)$：零售商缺货数量。

$$S(Q)=\int_0^\infty (Q \wedge x)f(x)dx = \int_0^\infty \int_0^{Q \wedge x} dy f(x)dx = \int_0^Q \int_y^\infty f(x)dxdy = \int_0^Q \overline{F}(x)dx \quad (6-1)$$

$$I(Q)=E(Q-x)^+ = Q-S(Q) \tag{6-2}$$

$$L(Q)=E(x-Q)^- = \mu - S(Q) \tag{6-3}$$

2. 基本模型

根据上述假定，可以建立供应链契约的基本模型。零售商的期望利润：

$$\prod_r = pS(Q) + vI(Q) - c_e I(Q) - c_u L(Q) - wQ \tag{6-4}$$

供应商的期望利润：

$$\prod_s = (w-c)Q \tag{6-5}$$

供应链的期望整体利润：

$$\prod_T = \prod_r + \prod_s$$
$$= pS(Q) + vI(Q) - c_e I(Q) - c_u L(Q) - cQ$$
$$= (p + c_e + c_u - v)S(Q) - (c + c_e - v)Q - c_u \mu \tag{6-6}$$

$\prod_T$ 是一个凹函数。根据 Leibniz 法则，对 Q 求偏导得：

$$\frac{\partial \prod_T}{\partial Q} = (p + c_e + c_u - v)\overline{F}(Q^*) + v - c_e - c \tag{6-7}$$

由式（6-7）可求得：

$$F(Q^*) = \frac{p+c_u-c}{p+c_e+c_u-v} \tag{6-8}$$

零售商最优订购量：

$$Q^* = F^{-1}\left(\frac{p+c_u-c}{p+c_e+c_u-v}\right) \tag{6-9}$$

由此可知，供应链契约研究的焦点有两个方面：①如何根据零售商的订货量确定订货价格，使供应链的产出最大；②供应商和零售商如何合理地分配利润。目前，几乎所有供应链契约研究都是围绕如何解决这两个问题展开的。

第二节　四种常见供应链契约

一、四种契约模型求解

1. 批发价格契约

在批发价格契约模型中，零售商的产品订购量是由产品的市场需求和批发价格决定的。供应商则依据由零售商确定的订购量来组织企业进行生产。零售商必须要承担产品没有销售出去的所有损失。对于供应商来说，利润是确定的，不用承担任何风险，但零售商必须要承担市场上的一切风险（Lariviere and Porteus，2001）。

零售商所得利润：

$$\prod_r = pS(Q) + vI(Q) - w_eI(Q) - w_uL(Q) - wQ$$

$$= (p + w_e + w_u - v)S(Q) - (w + w_e - v)Q - w_u\mu \quad (6\text{-}10)$$

由式（6-9）可求得零售商的最优订购量：

$$Q_r^* = F^{-1}\left(\frac{p+w_u-w}{p+w_e+w_u-v}\right) \quad (6\text{-}11)$$

令 $Q_r^* = Q^*$，得 $w=c$。此结果表明，在批发价格契约模型中，只有在供应商有正常利润时才能实现供应链协调，这显然不太合理[①]。

2. 收益共享契约

收益共享契约中，零售商以一个较低的批发价格从供应商处购买产品，

---

① 为了避免经济利润为 0，De Kok 和 Graves（2003）为确定最优订购量 q^o 的基本模型增加了 $\prod(q^o)>0$ 的假定，但随后又将 q^o 代入了供应链利润可能为 0 的批发价格契约中，并讨论了采用批发价格契约时利润为 0 的问题，前后矛盾。

但需要支付给供应商一部分销售收入。假设零售商需要支付给供应商份额为 φ 的销售收入，则零售商自己保留的份额为 $(1-\varphi)$。由此可以得到零售商的利润：

$$\prod_r = (1-\varphi)\left[pS(Q)+vI(Q)\right]-wQ-c_eI(Q)-c_uL(Q)$$
$$= \left[(1-\varphi)(p-v)+c_e+c_u\right]S(Q)-\left[w+c_e-(1-\varphi)v\right]-c_u\mu \qquad (6-12)$$

对式（6-12）求一阶导数，得最优订购量：

$$Q_r^* = F^{-1}\left[\frac{(1-\varphi)p+c_u-w}{(1-\varphi)(p-v)+c_e+c_u}\right] \qquad (6-13)$$

令 $Q_r^* = Q^*$，得：

$$\frac{(1-\varphi)p+c_u-w}{(1-\varphi)(p-v)+c_e+c_u} = \frac{p+c_u-c}{p+c_e+c_u-v} \qquad (6-14)$$

解得：

$$w = (1-\varphi)c+\varphi c_u-\frac{\varphi(c_e+c_u)(p+c_u-c)}{p+c_e+c_u-v_u} \qquad (6-15)$$

将式（6-15）代入（6-12）中，整理得：

$$\prod_r = \frac{(1-\varphi)(p-v)+c_e+c_u}{p+c_e+c_u-v_u}\prod_T - \frac{\varphi(p-v)}{p+c_e+c_u-v_u}c_e\mu \qquad (6-16)$$

则供应商的利润：

$$\prod_s = \prod_T - \prod_r = \lambda\left(\prod_T + c_u\mu\right) \qquad (6-17)$$

其中，$\lambda = \dfrac{\phi(p-v)}{p+c_e+c_u-v}$。

因为 $0<\lambda<1$，所以收益共享契约可以实现供应商和零售商的协调。供应商可以根据产品的实际市场需求及零售商在产品市场中的竞争力，来决定索取的零售商销售收入 φ 的份额。

3. 回购契约

在回购契约中，供应商在销售季节结束后以一个合理的价格 $r(r>v)$ 从零售商那里买回尚未销售出去的产品，这样可以刺激零售商增加产品订购量，并提高产品的销售量。回够模型中零售商的利润：

$$\prod_r = pS(Q)+rI(Q)-c_eI(Q)-c_uL(Q)-wQ$$
$$= (p+c_e+c_u-r)S(Q)-(c+c_e-r)Q-c_u\mu \qquad (6-18)$$

对式（6-18）中的 Q 求偏导，得出退货策略下零售商的最优订购量：

$$Q_r^* = F^{-1}\left(\frac{p+c_u-c}{p+c_e+c_u-r}\right) \tag{6-19}$$

令 $Q_r^* = Q^*$，有：

$$\frac{p+c_u-w}{p+c_e+c_u-r} = \frac{p+c_u-c}{p+c_e+c_u-v} \tag{6-20}$$

求 w 得：

$$w = c + \frac{(r-v)(p+c_u-c)}{p+c_e+c_u-v} \tag{6-21}$$

将式（6-21）代入式（6-18）中，整理得：

$$\prod_r = \frac{p+c_e+c_u-r}{p+c_e+c_u-v}\prod_T - \frac{r-v}{p+c_e+c_u-v}c_u\mu \tag{6-22}$$

则供应商的利润：

$$\prod_r = \prod_T - \prod_r = \lambda\left(\prod_T + c_u\mu\right) \tag{6-23}$$

其中，$\lambda = \dfrac{r-v}{p+c_e+c_u-v}$。

因为 $0<\lambda<1$，所以退货契约也可以实现供应链协调。

4. 数量弹性契约

在数量弹性契约模型中，供应商允许零售商在观察到产品的实际市场需求之后调整最初的定购量。通常零售商会在销售季节前给供应商一个预测的产品订购量，供应商会根据这个预测订购量组织生产，当零售商掌握了产品的实际市场需求量之后可以根据实际的市场需求重新调整订购量。

其具体的实施过程如下：

零售商已知市场需求分布函数 $F(x)$，且据此确定产品的预测订购量为 q，并告知供应商。

供应商根据零售商的预测订购量，生产数量为 $Q_S = (1+\alpha)q$ 的产品，零售商保证订购量为 $(1-\beta)q$。其中，$0\leqslant\beta\leqslant1$，$\alpha\geqslant0$。

零售商了解到产品的实际市场需求之后，可以在供应商所能提供的产品数量范围内确切地购买市场实际需求的数量。

零售商向供应商批发产品的期望数量：

$$N(q, \alpha, \beta) = \int_0^{q(1-\varphi)} q(1-\beta)f(x)dx + \int_{q(1-\beta)}^{q(1+\alpha)} xf(x)dx + \int_{q(1+\alpha)}^{\infty} q(1+\alpha)f(x)dx$$

$$(6-24)$$

零售商的期望销售量为 $S[q(1+\alpha)]$；

零售商没有销售出去的产品数量为 $I[q(1-\beta)]=q(1-\beta)-S[q(1-\beta)]$；

零售商缺货的产品数量为 $L[q(1+\alpha)]=\mu-S[q(1+\alpha)]$。

其中，

$$S[q(1+\alpha)] = \int_0^{q(1+\alpha)} \overline{F}(x)dx, \ S[q(1-\beta)] = \int_0^{q(1-\beta)} \overline{F}(x)dx$$

零售商的期望利润：

$$\prod_r = pS[q(1+\alpha)] + vI[q(1-\beta)] - c_e I(q(1-\beta)) -$$
$$c_u L[q(1+\alpha)] - wN(q, \alpha, \beta)$$
$$= (p+c_u)S[q(1+\alpha)] + (v-c_e)S[q(1-\beta)] -$$
$$(v-c_e)q(1-\beta) - wN(q, \alpha, \beta) - c_u\mu$$

$$(6-25)$$

令 $\dfrac{\partial \prod_r}{\partial q}=0$，得：

$$(1+\alpha)(p-w+c_u)\overline{F}[(1+\alpha)q^*]+(1-\beta)(w-v+c_e)q(1-\beta)F[(1-\beta)q^*]=0$$

$$(6-26)$$

令 $\eta=(1+\alpha)/(1-\beta)$，并根据 $Q_s^*=(1+\alpha)q^*$ 可得：

$$F\left(\frac{Q_s^*}{\eta}\right) = \eta\left(\frac{p-w+c_u}{w-v+c_e}\right)\left[1-F(Q_s^*)\right]$$

$$(6-27)$$

令 $Q_s^*=Q^*=F^{-1}\left(\dfrac{p+c_u-c}{p+c_e+c_u-v}\right)$，可得：

$$w=v-c_e+\frac{c-v+c_e}{\dfrac{1}{\eta}F\left[\dfrac{1}{\eta}F^{-1}\left(\dfrac{p+c_u-c}{p+c_e+c_u-v}\right)\right]+\dfrac{c-v+c_e}{p+c_e+c_u-v}}$$

$$(6-28)$$

其中，$\eta=\dfrac{1+\alpha}{1-\beta}$。

由 η 的表达式可知：

如果零售商希望获得一个无限大的弹性度（$\eta=\infty$，也就是 $\alpha=\infty$，$\beta=1$），

零售商将把全部市场风险都转嫁给供应商，其本身也就不存在因缺货而产生损失的问题（即 $c_u = 0$）。此时零售商将不得不接受 $w = p$ 的批发价格，且零售商将不会获得任何利润。

如果零售商是个冒险者，希望获得一个最小的弹性度（$\eta = 1$，也就是 $\alpha = 0$，$\beta = 0$），此时的数量弹性契约就是批发价格契约，供应链协调时的最优批发价格 $w = c$。零售商将承担全部的市场风险，但也获得了全部的收益，而供应商不会获得任何利润。上述两种极端情况都不可能达到供应链的最优目标。只有当弹性度 η 位于两个极端情况之间时，才能确保 $w \in (c, p)$，从而实现供应链的协调。

二、应用等效率原则求解四种契约模型

根据等效率原则的性质，等效率原则是产出最大的必要条件，而且也是公平和均衡的必要条件。因此用等效率原则协调供应链是有足够理由的。为此以下尝试在与各种契约相同的假定下，应用等效率原则推导各种供应链协调的条件。基本思路是分别计算供应商和零售商的效率，让它们的效率相等，然后将计算结果与供应链契约的协调条件进行对比，如果结果一致，至少说明供应链契约可以协调供应链。

1. 批发价格契约的效率和协调条件

根据批发价格契约的假定，在批发价格契约中，供应商的效率：

$$\theta_s = \frac{Y_s}{I_s} = \frac{wQ}{cQ} \tag{6-29}$$

零售商的效率：

$$\theta_r = \frac{Y_r}{I_r} = \frac{pS + vI}{wQ + c_e I + c_u L} \tag{6-30}$$

令供应商、零售商效率相等，有：

$$\frac{w}{c} = \frac{pS + vI}{wQ + c_e I + c_u L} \tag{6-31}$$

式（6-31）两端交叉相乘，然后同时对 Q 求导，得：

$$Q = F^{-1} \left[\frac{p + (c_u - w)\dfrac{w}{c}}{p - v + (c_e + c_u)\dfrac{w}{c}} \right] \tag{6-32}$$

对比式（6-32）与式（6-11），发现当 $\theta = \dfrac{w}{c} = 1$ 时，式（6-32）与批发价

格契约的协调条件一致。因为效率等于 1 是产出最大的充要条件。因此可以推断，上面所有四个契约的效率都为 1。以效率等于 1 为已知条件计算另外三个契约的效率和协调条件，结果协调条件与契约结果完全相同。

2. 收益共享契约的效率和协调条件

收益共享契约模型中供应商的效率：

$$\theta_s = \frac{Y_s}{I_s} = \frac{wQ + \phi(pS + vI)}{cQ} \tag{6-33}$$

零售商的效率：

$$\theta_r = \frac{Y_r}{I_r} = \frac{(1-\phi)(pS+vI)}{wQ + c_e I + c_u L} \tag{6-34}$$

令该契约模型中的供应商效率与零售商效率相等（$\theta_s = \theta_r = \theta$），有：

$$\frac{wQ + \phi(pS+vI)}{cQ} = \frac{(1-\phi)(pS+vI)}{wQ + c_e I + c_u L} = \theta \tag{6-35}$$

等式（6-35）展开，两边对 Q 求导，得：

$$Q = F^{-1}\left[\frac{(1-\varphi)p+(c_u-w)\theta}{(1-\varphi)(p-v)+(c_e+c_u)\theta}\right] = F^{-1}\left[\frac{\varphi p - c\theta + w}{\varphi(p-v)}\right] \tag{6-36}$$

令式（6-36）等于最优订购量 Q^*，结果发现：当 $\theta = $

$\dfrac{(w-\phi c_u)(p-v)+(\phi p+w)(c_e+c_u)}{c[(1-\phi)(p-v)+(c_e+c_u)]} = 1$ 时，$Q^* = Q_r^*$。此时求得的批发价格：

$$w = (1-\phi)c + \phi c_u - \frac{\phi(c_e+c_u)(p+c_u-c)}{p+c_e+c_u-v} \tag{6-37}$$

可知，与收益共享契约求得的结果完全一致。

3. 回购契约的效率和协调条件

回购契约模型中供应商的效率：

$$\theta_s = \frac{Y_s}{I_s} = \frac{wQ}{cQ + rI} \tag{6-38}$$

零售商的效率：

$$\theta_r = \frac{Y_r}{I_r} = \frac{pS + rI}{wQ + c_e I + c_u L} \tag{6-39}$$

令供应商的效率与零售商的效率相等，有：

$$\frac{wQ}{cQ+rI}=\frac{pS+rI}{wQ+c_eI+c_uL}=\theta \tag{6-40}$$

等式（6-40）展开后，两边对 Q 求导，得：

$$Q^*=F^{-1}\left[\frac{p+\theta(c_u-w)}{p-r+\theta(c_e+c_u)}\right]=F^{-1}\left(\frac{w-c\theta}{r\theta}\right) \tag{6-41}$$

将式（6-41）中运用等效率原则求得的退货契约模型的最优订购量 Q^* 与契约机制下供应链协调时的最优订购量 Q_r^* 相比较，结果发现，当 $\theta=\dfrac{(p+c_e+c_u-r)w}{(p+c_e+c_u-r)c+(p+c_u-w)r}=1$ 时，$Q^*=Q_r^*$。此时，回购契约模型的批发价格：

$$w=c+\frac{r(p+c_u-c)}{p+c_e+c_u} \tag{6-42}$$

与契约机制下协调时的批发价格 $\left[w=c+\dfrac{(r-v)(p+c_u-c)}{p+c_e+c_u-v}\right]$ 相比较，区别仅在于销售季节结束后的库存产品处理价格 v。

回购契约模型中销售季节后的库存产品并没有被处理掉，而是以价格 r 被供应商回购，因此不存在处理价格问题。在此可认为回购契约模型中库存产品的处理价格 $v=0$，此时运用等效率原则实现协调时的批发价格与契约机制下协调时的批发价格仍然相同。由此可见，在供应链效率满足 $\theta=1$ 时，运用等效率原则实现回购契约模型协调时的最优订购量及批发价格与契约机制下协调时的结果完全一致。因此，等效率原则可用于协调回购契约模型。

4. 数量弹性契约的效率和协调条件

数量弹性契约模型中供应商的效率：

$$\theta_s=\frac{Y_s}{I_s}=\frac{wN(q,\ \alpha,\ \beta)}{c(1+\alpha)q} \tag{6-43}$$

零售商的效率：

$$\theta_r=\frac{Y_r}{I_r}=\frac{pS[q(1+\alpha)]+vI[q(1-\beta)]}{wN(q,\ \alpha,\ \beta)+c_eI[q(1-\beta)]+c_uL[q(1+\alpha)]} \tag{6-44}$$

令该模型中供应商与零售商的效率相等（$\theta_s=\theta_r=\theta$），有：

$$\frac{wN(q,\ \alpha,\ \beta)}{c(1+\alpha)q}=\frac{pS[q(1+\alpha)]+vI[q(1-\beta)]}{wN(q,\ \alpha,\ \beta)+c_eI[q(1-\beta)]+c_uL[q(1+\alpha)]}=\theta \tag{6-45}$$

化简后，对等式（6-45）两边 q 求导，得：

$$F\left(\frac{Q^*}{\eta}\right) = \eta\left[\frac{p+\theta(c_u-w)}{\theta(w+c_e)-v}\right]\left[1-F(Q^*)\right] = \eta\left[\frac{\theta c}{w} - \overline{F}(Q^*)\right] \tag{6-46}$$

式（6-46）中的 $F(Q^*)$ 即运用等效率原则实现该契约模型协调时的最优订购量函数，其中，$Q^* = (1+\alpha)q^*$，$\eta = \dfrac{1+\alpha}{1-\beta}$。

将式（6-46）中的最优订购量函数 $F(Q^*)$ 与契约机制下该模型供应链协调时的最优订购量函数 $F(Q_s^*)$ 相比较，结果发现，当 $\theta = \dfrac{w}{c}\left(\dfrac{p-v+c_e+c_u}{w-v+c_e}\right)\overline{F}(Q^*) = 1$ 时，$F(Q^*) = F(Q_s^*)$。此时，数量弹性契约模型的批发价格：

$$w = \frac{c(p+c_u)}{\dfrac{1}{\eta}F\left(\dfrac{Q^*}{\eta}\right)(p-v+c_e+c_u)+c} \tag{6-47}$$

当供应链效率 $\theta = 1$，且 $v = c_e$ 时，运用等效率原则实现协调时得到的最优订购量及批发价格与契约机制下协调时的结果完全一致，等效率原则可用于协调数量弹性契约模型。

现在的问题是比数量弹性契约的结果多出一个条件 $v = c_e$，难道是等效率原则对数量弹性契约不适用了吗？为了解决这个问题，决定从供应商的角度展开研究。

在数量弹性契约模型中，供应商的期望利润：

$$\prod_s = wN(q, \alpha, \beta) - cQ_s \tag{6-48}$$

令 $\dfrac{\partial \prod_r}{\partial q} = 0$，得：

$$F\left(\frac{Q_s^*}{\eta}\right) = \eta\left[F(Q_s^*) - \frac{w-c}{w}\right] \tag{6-49}$$

式（6-49）中的 $F(Q_s^*)$ 为该模型从供应商角度求得的最优订购量函数。因此应有 $Q_s^* = Q_r^* = F^{-1}\left(\dfrac{p+c_u-c}{p+c_e+c_u-v}\right)$，令 Q_r^* 为均衡产量，则有：

$$w_s = \frac{c}{\dfrac{1}{\eta}F\left[\dfrac{1}{\eta}F^{-1}\left(\dfrac{p+c_u-c}{p+c_e+c_u-v}\right)\right]+\dfrac{c-v+c_e}{p+c_e+c_u-v}} \tag{6-50}$$

w_s 即供应商利润最大化时的批发价格。

根据协调的概念，供应链协调时供应商与零售商的利润是同时实现最大化，因此，从供应商角度求得的批发价格 w_s 应与用同样方法求得的零售商利润最大化时的批发价格 w_r 相同。比较式（6-50）和式（6-28），可以发现：只有 $v=c_e$ 时，才能实现 $w_s=w_r$。这意味着在用数量弹性契约协调时，也必须满足限制条件 $v=c_e$（推荐过程参见第 155 页）。

第三节　契约与等效率原则协调结果的对比分析

一、汇总表对比

根据前文的研究结果，四类契约中供应商和零售商的利润表达式如表 6-1 所示，四种常见契约协调条件如表 6-2 所示，基于等效率原则的协调条件及效率汇总如表 6-3 所示。

表 6-1　四类常见的供应商与零售商利润表达式

契约	利润表达式
批发价格契约	$\prod_r=pS(Q)+vI(Q)-c_eI(Q)-c_uL(Q)-wQ$
	$\prod_s=(w-c)Q$
收益共享契约	$\prod_r=(1-\varphi)\left[pS(Q)+vI(Q)\right]-wQ-c_eI(Q)-c_uL(Q)$
	$\prod_s=(w-c)Q+\varphi\left[pS(Q)+vI(Q)\right]$
回购契约	$\prod_r=pS(Q)+rI(Q)-c_eI(Q)-c_uL(Q)-wQ$
	$\prod_s=(w-c)Q-rI(Q)$
数量弹性契约	$\prod_r=pS\left[q(1+\alpha)\right]+vI\left[q(1-\beta)\right]-c_eI\left[q(1-\beta)\right]-c_uL\left[q(1+\alpha)\right]-wN(q,\ \alpha,\ \beta)$
	$\prod_s=wN(q,\ \alpha,\ \beta)-c(1+\alpha)q$

资料来源：笔者整理。

表 6-2　四种常见契约协调条件汇总

契约	最优订货量	协调条件
批发价格契约	$Q_r^*=F^{-1}\left(\dfrac{p+c_u-c}{p+c_e+c_u-v}\right)$	$w=c$

契约	最优订货量	协调条件
收益共享契约	$Q_r^* = F^{-1}\left[\dfrac{(1-\varphi)p+c_u-w}{(1-\varphi)(p-v)+c_e+c_u}\right]$	$w=(1-\varphi)c+\varphi c_u-\dfrac{\varphi(c_e+c_u)(p+c_u-c)}{p+c_e+c_u-v_u}$ $0<\dfrac{\phi(p-v)}{p+c_e+c_u-v}<1$
回购契约	$Q_r^* = F^{-1}\left(\dfrac{p+c_u-c}{p+c_e+c_u-r}\right)$	$w=c+\dfrac{(r-v)(p+c_u-c)}{p+c_e+c_u-v}$ $0<\dfrac{r-v}{p+c_e+c_u-v}<1$
数量弹性契约	$F\left(\dfrac{Q_s^*}{\eta}\right)=\eta\left(\dfrac{p-w+c_u}{w-v+c_e}\right)[1-F(Q_s^*)]$	$w=v-c_e+\dfrac{c-v+c_e}{\dfrac{1}{\eta}F\left[\dfrac{1}{\eta}F^{-1}\left(\dfrac{p+c_u-c}{p+c_e+c_u-v}\right)\right]+\dfrac{c-v+c_e}{p+c_e+c_u-v}}$ $\eta=\dfrac{1+\alpha}{1-\beta}$

资料来源：笔者整理。

表6-3　基于等效率原则的协调条件及效率汇总

契约	最优订货量	协调条件	效率
批发价格契约	$Q_r^* = F^{-1}\left(\dfrac{p+c_u-c}{p+c_e+c_u-v}\right)$	$w=c$	$\theta=1$
收益共享契约	$Q_r^* = F^{-1}\left[\dfrac{(1-\varphi)p+c_u-w}{(1-\varphi)(p-v)+c_e+c_u}\right]$	$w=(1-\varphi)c+\varphi c_u-\dfrac{\varphi(c_e+c_u)(p+c_u-c)}{p+c_e+c_u-v_u}$ $0\leq\dfrac{\phi(p-v)}{p+c_e+c_u-v}<1$	$\theta=1$
回购契约	$Q_r^* = F^{-1}\left(\dfrac{p+c_u-c}{p+c_e+c_u-r}\right)$	$w=c+\dfrac{(r-D)(p-c_u-c)}{p+c_e+c_u-v}$ $0\leq\dfrac{r-v}{p+c_e+c_u-v}<1$	$\theta=1$
数量弹性契约	$F\left(\dfrac{Q_s^*}{\eta}\right)=\eta\left(\dfrac{p-w+c_u}{w-v+c_e}\right)[1-F(Q_s^*)]$	$w=v-c_e+\dfrac{c-v+c_e}{\dfrac{1}{\eta}F\left[\dfrac{1}{\eta}F^{-1}\left(\dfrac{p+c_u-c}{p+c_e+c_u-v}\right)\right]+\dfrac{c-v+c_e}{p+c_e+c_u-v}}$ $\eta=\dfrac{1+\alpha}{1-\beta}$	$\theta=1$

资料来源：笔者整理。

二、协调条件比较及分析

因为四种契约中只有回购契约和数量弹性契约的协调结果与等效率原则协调结果略有不同，故以下只对这两种契约的协调结果不同的原因进行分析。

1. 回购契约的协调条件分析

根据前文的研究结果，四类契约中基于等效率原则的协调条件与基于回购契约的协调条件不完全相同。基于等效率原则的协调条件比基于回购契约的协调条件多了一个 $v=0$。

回头看一下回购契约中供应商的效率利润表达式，其中卖不出的产品以价格 v 甩卖，这说明剩余产品数量 $I(Q)$ 的值应该为 0。将 $I(Q)=0$ 代入供应商利润表达式，可以发现：回购企业的协调条件也是 $w=c$，与批发价格契约相同。

2. 数量弹性契约的协调条件分析

根据前文的研究结果，四类契约中基于等效率原则的协调条件与基于数量弹性契约的协调条件不完全相同。基于等效率原则的协调条件比基于数量弹性契约的协调条件多了一个 $v=c_e$。

前文的分析表明，按照数量弹性契约，从供应商和零售商各自利润最大化的角度出发，双方确定的基于最优订货量的批发价格应该一致，也就是应该有条件 $w_s=w_r$，对比两者的公式，发现如果两者相等，则必有 $v=c_e$。认真分析数量弹性契约批发价格的分母，可以发现：

$$\frac{c-v+c_e}{\dfrac{1}{\eta}F\left[\dfrac{1}{\eta}F^{-1}\left(\dfrac{p+c_u-c}{p+c_e+c_u-v}\right)\right]+\dfrac{c-v+c_e}{p+c_e+c_u-v}}$$

$$=\frac{c-v+c_e}{\dfrac{1}{\eta}F\left[F^{-1}\left(\dfrac{\eta(p+c_u-c)}{p+c_e+c_u-v}\right)\right]+\dfrac{c-v+c_e}{p+c_e+c_u-v}}$$

$$=\frac{c-v+c_e}{\dfrac{1}{\eta}\left[\dfrac{\eta(p+c_u-c)}{p+c_e+c_u-v}\right]+\dfrac{c-v+c_e}{p+c_e+c_u-v}}$$

$$=\frac{c-v+c_e}{\dfrac{p+c_u-c}{p+c_e+c_u-v}+\dfrac{c-v+c_e}{p+c_e+c_u-v}}$$

$$=c-v+c_e$$

这一结果表明：数量弹性契约中假定的两个参数与协调条件无关。将上面的结果代入数量弹性契约，数量弹性契约的批发价格变成了 $w=c$，与批发价格相同。总结起来看，四个契约确定的最优批发价格都是 $w=c$。

3. 效率等于 1 的含义

应用等效率原则推导四个契约的协调条件时，已经发现：在这四个契约中，都存在供应商的效率等于零售商的效率且等于 1，这意味着按照这四个契约协调的结果是无论供应商还是零售商的经济利润都为 0。

从供应商的角度看，经济利润为 0 就意味着批发价格等于成本，即 $w=c$。因此前面出现的三个契约中都有 $w=c$ 的结果毫无意外是正确的。

对于收益共享契约中的零售商来说，因为其经济利润为 0，只有正常利润，没有收益可供分享，因此必有 $\varphi=0$。将 $\varphi=0$ 代入收益共享契约的批发价格公式，可以发现仍然是 $w=c$。

三、协调条件分析小结

1. 四种契约都等同于批发价格契约

四个供应链契约的假设条件不同，批发价格表达式不同，但它们的批发价格本质上都是 $w=c$。完全等同于批发价格契约，而批发价格契约是不能用来协调供应链的。

2. 协调结果中企业都是零利润

几乎每个契约都被发现在现实中有应用实例，难道现实中的企业都甘心只赚取正常利润？如果不是，那么问题出在哪里了？根据前文的分析，可以发现：尽管四种契约的假定不同，但契约中的企业无论是供应商还是零售商，他们的效率都相等，且等于 1，经济利润为 0，这是完全竞争市场的特征。供应链的目的是企业通过战略联盟获取竞争优势，进而赚取经济利润，而不是满足于正常利润。

3. 契约不同，零售商订货量一样

尽管四种契约的假定不同，但在求解过程中都有一个关键步骤，就是令零售商订购数量等于基本模型确定的最优订货量，这个最优订货量存在的前提就是供应商经济利润为 0。正是四个契约中零售商订货量都等于基本模型中的最优订货量，导致了所有批发价格都等于供应商成本的结果。可以肯定地说，无论什么种类的契约，只要在推导过程中，使用了由基本模型确定的最优订货量，那么最终无论批发价格的表达形式多复杂，本质上一定还是 $w=c$。

在基本模型假定中，有一个重要的假定，就是关于零售商订货量概率分布的假定。

Q：零售商订货量，$Q \geqslant 0$；市场的随机需求为 x。其概率密度函数是可微函数 $f(x)$，$x \geqslant 0$ 时，$f(x) > 0$。其分布函数为 $F(x)$，$x \geqslant 0$ 时，$F(x)$ 可微，可逆。$F(0) = 0$，$\overline{F}(x) = 1 - F(x)$。

按照该假定，$F(Q) = 0$ 的确切含义是随机变量 Q 等于 0 的概率是 0，即 $F(Q) = P(Q = 0) = 0$；那么 $Q = Q^*$ 的概率是多少？也就是按基本模型给出的最优订货量 Q^* 订货的概率是多少？显然是 1，即 $F(Q^*) = P(Q = Q^*) = 1$，否则解释不通，因为不存在按 Q^* 订货概率小于 1 的情况，那意味着零售商可能订不到货。

如果这个推理成立，那么在所有推导过程中都有 $F(Q^*) = 1$，$\overline{F}(Q^*) = 1 - F(Q^*) = 0$。因此，所有契约的批发价格都等于供应商成本，这意味着供应链契约无法协调追求经济利润的供应链。

第四节　供应商和零售商定价的博弈分析

斯塔克尔伯格博弈，是一个两阶段的完全信息动态博弈，博弈的时间是序贯的。主要思想是双方根据对方可能的策略来选择自己的策略以保证自己在对方策略下的利益最大化，从而达到纳什均衡。在该博弈模型中，先决策的一方被称为领导者，其余人为跟随者。跟随者根据领导者的决策做出对自己最有利的决策，然后领导者再根据跟随者的决策结果对自己的决策进行调整，如此往复，直到达到纳什均衡。假定供应商和零售商的定价是斯塔克尔伯格博弈，来分析双方定价过程和结果，并与供应链契约协调结果对比。

一、供应商和零售商定价的斯塔克尔伯格均衡及协调

1. 基本假定

假定供应商先给一个批发价格 w，然后零售商根据供应商的价格确定零售价格为 p。假定需求函数为 $Q(p) = a - bp$。其中，a 为基本市场需求。

供应商成本的单位成本为 c。

由此可知：

零售商的利润：$\prod_r = (p-w)Q(p) = (p-w)(a-bp)$；

供应商的利润：$\prod_s = (w-c)Q(p) = (w-c)(a-bp)$；

供应链的利润：$\prod_T = (p-c)Q(p) = (p-c)(a-bp)$。

2. 均衡解

通过零售商和供应商利润函数的一阶条件，可求出该斯塔克尔伯格均衡解：

$$p = \frac{3a+c}{4b} \tag{6-51}$$

$$w = \frac{a+c}{2b} \tag{6-52}$$

零售商的利润：

$$\prod_r = (p-w)(a-bp) = \frac{(a-c)^2}{16b^2} \tag{6-53}$$

批发商的利润：

$$\prod_s = = (w-c)(a-bp) = \frac{(a-c)^2}{8b^2} \tag{6-54}$$

供应链的利润：

$$\prod_T = (p-c)(a-bp) = \frac{3(a-c)^2}{16b^2} \tag{6-55}$$

3. 斯塔克尔伯格均衡中的双重边际化

图6-1是斯塔克尔伯格均衡时，存在的双重边际化问题。其中供应商加价幅度为 $w-c = \frac{a+c-2bc}{2b}$，零售商加价幅度为 $p-w = \frac{3a+c}{4b} - \frac{a+c}{2b} = \frac{a-c}{4b}$。

图6-1中，零售商的需求曲线：$q = a-bp$；

零售商的边际收益率曲线：$MR^r(q) = a-2bq$；

供应商的边际收益率曲线：$MR^s(q) = a-4bq$。

4. 基于等效率原则的双重边际化问题协调方法

零售商的效率：$\theta_r = \frac{p}{w} = \frac{3a+c}{2(a+c)}$；

供应商的效率：$\theta_s = \frac{w}{c} = \frac{a+c}{2c}$；

令 $\theta_r = \theta_s$，则有 $a=c$。此时 $\theta_r = \theta_s = 1$。效率都为1，说明此时斯塔克尔伯格均

衡也是纳什均衡。

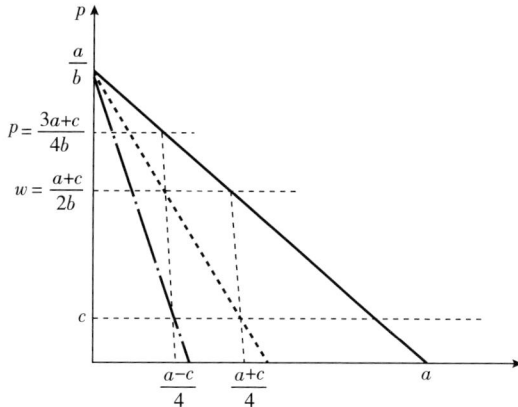

图 6-1　斯塔克尔伯格均衡与双重边际化

资料来源：笔者整理。

解决斯塔克尔伯格均衡时的双重边际化问题，需要在经济利润不为 0 的条件下协调两个厂商，而基本的供应链契约无法使用。为此提出了一个基于等效率原则的协调方法：因为只要 $\theta_r = \theta_s$ 就是供应链协调（公平），而不必 $\theta_r = \theta_s = 1$，于是令：

$$\frac{p}{w} = \frac{w}{c}$$

显然，只要 $w = \sqrt{pc}$，即可协调供应链，也就是两个厂商实现了利润的公平分配。

在本例中，假设 $a = 12$，$b = 1$，$c = 4$，则有：$p = 10$，$w = 8$。

双重边际化情况下的供应链上的效率和利润如下：

$$\theta_r = \frac{p}{w} = \frac{3a+c}{2(a+c)} = \frac{5}{4}, \quad \theta_s = \frac{w}{c} = \frac{a+c}{2c} = 2$$

效率不等说明供应链不协调（不公平）。零售商、供应商和供应链利润分别为 $\prod_r = 4$，$\prod_s = 8$，$\prod_T = 12$。

现在按照等效率原则，用几何平均价格来协调此供应链，有：$w = \sqrt{pc} = \sqrt{10 \times 4} = 2\sqrt{10}$。按此批发价就可以实现供应链协调，从而避免双重边际化。

此时供应链的效率：$\theta_r = \theta_s = \frac{1}{2}\sqrt{10}$。

零售商、供应商和供应链利润分别为：$\prod_r = 20 - 4\sqrt{10}$，$\prod_s = 4\sqrt{10} - 8$，$\prod_T = 12$。供应链总利润没变，但实现了利润公平分配①，因为此时 $\theta_r = \theta_s = \frac{1}{2}\sqrt{10}$，供应链协调。

二、垄断企业的供应链协调

前文已证明，供应链契约只能在经济利润为 0 时协调供应链，当供应链经济利润不为 0 时，或者说当供应链的企业为垄断企业时，等效率原则依然可以用来协调供应链。以批发价格契约为例：

批发价格契约订货数量和效率的关系：

$$Q = F^{-1}\left[\frac{p+(c_u-w)\theta}{p-v+(c_e+c_u)\theta}\right] \tag{6-56}$$

此时只要给定 $\theta(\theta>1)$，即可计算出 $\dfrac{p+(c_u-w)\theta}{p-v+(c_e+c_u)\theta}$，进而求出零售商订货量 $Q(\theta)$，按此订货量可保证两点：第一，供应链协调，即零售商和供应商效率相等，即 $\theta_r = \theta_s$。第二，可保证供应商和零售商的经济利润不为 0。θ 可根据定价需要选取。例如，按成本加成定价法：

零售商的价格 $p=w+\omega$，则可计算出零售商的效率：

$$\theta_r = p/w = (w+\omega)/w = 1+\omega/w \tag{6-57}$$

供应商的价格 $w=c+\xi$，供应商的效率：

$$\theta_s = w/c = (c+\xi)/w = 1+\xi/c \tag{6-58}$$

只需保证加成率相等，即 $\dfrac{\omega}{w} = \dfrac{\xi}{c}$。

各种类型的契约均可以照此办理，此处不再赘述。

本章小结

本章内容属于等效率原则的应用研究。供应链契约是当前协调供应链的主要

---

① 协调本身就意味着公平，为什么还要考虑"公平关切"（Fairness Concern）的供应链协调研究？难道还有不公平的协调？

手段，笔者根据等效率原则提出了一种新的供应链协调方法。本章的研究目的是为了对比两类方法的异同，一是想证明等效率原则能够协调供应链，二是想给供应链协调提供一种新的方法。本章的主要工作和研究结论如下：

第一，分别介绍了四类常见的供应链契约模型及其求解方法，得到了四种契约中零售商的最优订购量和作为协调条件的批发价格表达式。

第二，使用等效率原则，分别在四种供应链契约相同的假定下，令供应商和零售商效率相等且等于1，得到了与四种契约完全一致的结果。这里的完全一致是在发现了回购契约和数量弹性契约隐含了特殊条件，并在契约框架下给出了相应的解释。

第三，沿着使用等效率原则发现的回购契约和数量弹性契约协调结果中的特殊条件展开，发现这些特殊条件都指向同一个目标：批发价格等于成本，即供应商的经济利润为0，这意味着现有契约协调结果是，供应链只能获得正常利润。

第四，为了证明上述"第三"点，从所有契约假定条件下的供应商和零售商效率都等于1出发，很容易证明：四种契约的协调条件是一样的，都等同于批发价格契约。效率等于1，意味着经济利润为0，如果批发价格因此不能协调供应链，那么另外三种契约也不能。

第五，为了解决斯塔克尔伯格均衡时存在的供应商和零售商双重边际化的问题，提出了一种基于等效率原则的几何均值协调方法，并用数值算例进行了验证。结果表明：在供应链总利润不变的情况下，该方法实现了供应链协调（效率相等意味着公平）。

第六，由于供应链契约只能协调经济利润为0的供应链，所以本章最后给出了经济利润不为0时，基于等效率原则的供应链协调方法，并就零售商和供应商均采用加成定价的情形进行了说明。

本章参考文献

［1］Barnes-Schuster D, Bassok Y, Anupindi R. Coordination and Flexibility in Supply Contracts with Options［J］. Manufacturing and Service Operations Management, 2000, 4（3）：171-207.

［2］Bresnahan T F, Reiss P C. Dealer and Manufacturer Margins ［J］. The Rand Journal of Economics, 1985, 16 (2)：253-268.

［3］Cachon G P, Lariviere M A. Supply Chain Coordination with Revenue-Sharing Contracts：Strengths and Limitations ［J］. Management Science, 1985, 51 (1)：30-44.

［4］Clark A J, Scarf H E. Optimal Policies for A Multi-echelon Inventory Problems ［J］. Management Science, 1960, 6 (4)：475-490.

［5］De Kok A G, Graves S C. Supply Chain Management：Design, Coordination and Operation ［J］. Handbooks in Operations Research and Management Science, 2003 (11)：1-14.

［6］Jeuland A P, Shugan S M. Managing Channel Profits ［J］. Marketing Science, 1983, 27 (1)：52-69.

［7］Lariviere M A, Porteus E L. Selling to the Newsvendor：An Analysis of Price-Only Contracts ［J］. Manufacturing and Service Operations Management, 2001, 3 (4)：273-400.

［8］Pasternack B A. Optimal Pricing and Return Policies for Perishable Commodities ［J］. Marketing Science, 1985, 27 (1)：133-140.

［9］Spengler J J. Vertical Integration and Antitrust Policy ［J］. Journal of Political Economy, 1950, 50 (4)：347-352.

［10］蒋怡. 基于等效率原则的供应链协调研究 ［D］. 大连：大连理工大学, 2009.

［11］李琳. 等效率原则作用下的供应链协调研究 ［D］. 大连：大连理工大学, 2016.

［12］刘桂东. 三级供应链协调契约研究 ［D］. 武汉：华中科技大学, 2010.

结　语

美即是真，真即是美——这就是你在人世间所知道的，也是你需要知道的一切。

——米尔顿·弗里德曼

按照本书的理念，这项研究的投入是 20 多年的人生，但产出却只是一本薄薄的册子。下面是对本书主要产出的归纳，排序与重要程度无关。这符合本书提出的等效率（公平）原则，因为每项产出都付出了与之相应的投入。

产出一：等效率原则可作为一种独立分析工具

等效率原则因为与效率、公平和均衡密切相关，因此可以作为经济和管理问题的分析工具。

产出二：发现了公平公式中隐藏的效率

对于公平公式，此前人们只知道其表达公平的一面，而且也没人注意到亚里士多德、泽尔腾和亚当斯三位大家的公平公式之间的联系，等效率原则揭示了三个公平公式之间基于效率的内在联系。

产出三：深化了对一般均衡的认识

本书给出了瓦尔拉斯方程的解，证明了该解的存在性和唯一性，无论是边际分析方法还是不动点方法。

产出四：揭示了"看不见的手"的工作机理

"看不见的手"，人们再熟悉不过了。不过总感觉其中有些道理说得不太清楚，每个人的自利何以能增进公共福利？本书给出了一个基于等效率原则的三段论逻辑模型，清晰地说明了"看不见的手"的工作机理，揭示了均衡价格形成的过程。

产出五：提出了效率价值论

指出了公平交易是等效率交易、等价交换中的价格是指效率（存在零度齐次生产函数时商品价格等于生产效率），交换中隐含着拨款（appropriation）和人们靠不公平（效率差）赚取经济利润等真相，解释了性价比的确切所指。提出了同时考虑劳动价值论效用价值论的效率价值论。

产出六：指出了一般均衡和纳什均衡的联系和区别

一般均衡和纳什均衡的联系是，参与人的效率都相等且等于1。区别在于效率计算方法不同。博弈效率是局中人采取某一策略的收益与采取该策略的机会成本之比。而经济效率是厂商（消费者）的收益与成本之比，并以古诺纳什均衡、伯特兰德均衡、斯塔克尔伯格均衡和维克里拍卖均衡等为例进行了说明。

产出七：给出了非均衡程度的测度方法

效率相等就是公平和均衡（效率等于1时）；效率不等时，效率的方差就是非均衡和不公平程度的测度。

产出八：证明了公平和均衡的等价关系

等效率原则本身就是公平公式，同时（当效率等于1时）又是一般均衡和纳什均衡的充要条件，这就意味着一般均衡和纳什均衡等价于公平。

产出九：给出了寻找阿莱剩余的方法

指出了阿莱转移价格的真实含义，通过以效率差取代转移价格，克服了阿莱剩余无法计算的不足。

产出十：澄清了人们对冯·诺依曼均衡和大道定理的模糊认识

指出了冯·诺依曼均衡与瓦尔拉斯均衡的联系；大道定理与冯·诺依曼模型没有直接联系，也不是均衡增长路径。

产出十一：给出了基于等效率原则的供应链协调方法

指出了供应链契约只能协调经济利润为0的供应链的不足。给出了基于等效率原则的供应链协调方法，而且无论经济利润是否为0，等效率原则方法都适用，通过解决斯塔克伯格均衡中两个厂商双重边际化问题，说明了等效率原则协调方法的优势。

产出十二：从一个侧面建立了边际分析和形式化证明之间的联系

边际主义者几乎解释了所有竞争行为，却没能完成一般均衡证明，阿罗-德布鲁用形式化方法证明了一般均衡的存在，却与边际分析无关，如同两端同时挖隧道，却没贯通，造成了经济分析方法的断裂。通过等效率原则在一般均衡和纳什均衡中的应用，建立了边际分析和形式化证明之间的联系。

　　一本好书应该可以给人多方面的启示，一千个读者有一千个哈姆雷特，笔者希望这本书在读者眼里是一本好书。